museo
archeologico
nazionale
di napoli

guida alla collezione

a cura di
Stefano De Caro

il gabinetto segreto del museo archeologico nazionale di napoli

electa napoli

soprintendenza
archeologica
di napoli e caserta

Museo Archeologico Nazionale di Napoli

Direzione scientifica
Stefano De Caro
Maria Rosaria Borriello

Archivio grafico
Eva Nardella

Archivio fotografico
Alessandra Villone

Servizi editoriali
Marco de Gemmis, Floriana Miele

Servizi commerciali
Stefania Saviano

Allestimento del Gabinetto Segreto
Enrico Guglielmo, Eva Nardella

Studi e ricerche documentarie
Marinella Lista, Andrea Milanese

Restauri
Laboratorio di restauro del Museo
Archeologico Nazionale di Napoli

Decori
Massimo D'Orta

Electa Napoli

Redazione
Silvia Cassani

Grafica
Enrica D'Aguanno
Flavia Amendola

Ufficio stampa
Giovanna Massa

Immagine coordinata
JFK

Fotografie Alfredo e Pio Foglia

Sommario

LEGENDA

- Affreschi
- Rilievi e sculture
- Bronzi
- Mosaici
- Vetrine

Elenco delle opere

Sala 62
1. Inv. 27711. Rilievo allegorico
2. Invv. 25847 e 25854. Cammei con scena erotica, in agata sardonica
3. Inv. 27710 . Sarcofago con scene di culto dionisiaco
4. Inv. 122861. Mosaico in bianco e nero con scene di pigmei
5. Inv. 6329. Gruppo marmoreo di Pan e Dafni
6. Inv. 27708 .Mosaico con Pan e la ninfa Pytis
7. Inv. 4578. Epigrafe greca con Pan ed erma itifallica

8. Vetrina:
La storia del "Gabinetto segreto" nei documenti d'archivio

Sala 65a. Materiali di età preromana
9. s.n. . Cippo sepolcrale in forma di fallo con iscrizione etrusca
10. Vetrina:
Inv. 27669. Coppa attica a figure rosse con satiro e menade
Inv. s.n. Piatto attico a figure rosse con scena di etere
Inv. 27670. Anfora campana a figure nere con scene di satiri
Inv. 27682. Statuetta in bronzo di satiro itifallico
Inv. 81926. Cratere a campana a figure rosse con scena fliacica
Inv. 82570. Cratere a campana a figure rosse con banchettanti ed etere
Invv. 21628-9; 21665; 21641; 21644; 21650; 21657
Gruppo di seni ed uteri di terracotta, ex voto anatomici
Invv. 27768-27791. Gruppo di 24 falli di terracotta, ex voto anatomici

Sala 65b
La pittura mitologica di soggetto erotico: parete A
11. Inv. 27693. Satiro che sorprende una Menade
12. Inv. 27700. Pan ed Ermafrodito
13. Inv. 27705. Satiro e ninfa
14. Inv. 27875. Vecchio Satiro ed Ermafrodito
15. Inv. 27701. Satiro ed Ermafrodito
16. Inv. 110878. Satiro che tenta di congiungersi ad Ermafrodito
17. Inv. 27699. Satiro e Menade
18. Inv. 27685. Vignetta con Satiro e ninfa

La pittura mitologica di soggetto erotico: parete B
19. Inv. 9536. Apollo e Dafne
20. Inv. 9224. Ermafrodito
21. Inv.9236. Le tre Grazie
22. Inv. 27695. Leda e il cigno
23. Inv. 110590. Satiro che abbraccia una Menade
24. Inv. 9250. Marte e Venere
25. Inv. 9089. Caricatura di Enea, Anchise e Ascanio
26. Inv. 27687. Polifemo e Galatea

Sala 65c
Temi erotici nella decorazione dei giardini
27. Inv. 113196. Pittura con scene di pigmei
28. Inv. 27698. Pittura con scene di pigmei
29. Inv. 27701. Pittura con scene di pigmei
30. Inv. 27712. Rilievo marmoreo con Pan in groppa di un mulo itifallico
31. Inv. 27730. Erma in marmo grigio, sostegno di tavolo
32. Inv. 152873. Gruppo marmoreo di Satiro e Ninfa
33. Inv. 6688. Rilievo marmoreo con il c.d. Alcibiade ed etere
34. s.n. Erma panneggiata, in marmo pavonazzetto
35. Inv. 6724. Rilievo marmoreo con Ninfa e vecchio Satiro
36. Inv. 27709. Gruppo marmoreo di Pan e capra
37-38. Inv. 9162 a-b. Vignette a fondo rosso con Pan e capro
39. s.n. Venere in conchiglia ed erote
40. Inv. 152798. Venere "in bikini"

Sala 65d
La decorazione degli ambienti da piacere
41. Inv. 27694. Pittura con scena erotica
42. Inv. 27684. Pittura con scena erotica
43. Inv. 27690. Pittura con scena erotica
44. s.n. Pittura con scena erotica
45. Inv. 27689. Pittura con scena erotica
46. Inv. 27706. Graffito con scena erotica
47. Inv. 110569. Pittura con scena erotica
48. Inv. 27686. Pittura con scena erotica
49. Inv. 27696. Pittura con scena erotica
50. Inv. 27697. Pittura con scena erotica
51. Inv. 27714. Bassorilievo marmoreo con scena erotica
52. Inv. 27874. Tripode con satiri itifallici
53. Inv. 78614-5. Letto triclinare, di bronzo

54-55. Vetrina
L'erotismo nel banchetto
Inv. 145515. *Cantharus* d'argento con scene degli Amori di Venere e Marte
Invv. 112893 e 113011. Coppe di *terra sigillata* con scene erotiche
Inv. 27671. Bacino di bronzo, con scena erotica nel tondo interno
Inv. 129478. Ansa di vaso in bronzo con scena erotica
Inv. 110924. Statuetta di Venere, in avorio
Inv. 149425. Statuetta di dea indiana, in avorio
Invv. 143758 / 143761. Quattro statuette bronzee di venditori ambulanti
Inv. 27854. *Tintinnabulum* bronzeo raffigurante il dio Mercurio polifallico
Inv. 27855. *Tintinnabulum* bronzeo con Mercurio che cavalca un ariete itifallico
Inv. 27727. *Tintinnabulum* di bronzo raffigurante un satiro in forma di gallo gladiatore
Invv. 27857 e 27858. Vasi fittili configurati a nani grotteschi ed itifallici
Inv. 27729. Statuetta bronzea di stolido
Invv. 27734 e 27735. Statuette in bronzo di nanerottoli danzanti
Inv. 27873. *Tintinnabulum* di bronzo raffigurante un nano gobbo itifallico
Inv. 27853. *Tintinnabulum* di bronzo con gladiatore grottesco
Inv. 27843 e 27844. *Tintinnabulum* di bronzo con fantino grottesco
Inv. 27831. *Tintinnabulum* di bronzo a guscio di lumaca
Inv. 27835. *Tintinnabulum* di bronzo in forma di leone
Inv. 27841. *Tintinnabulum* di bronzo con topo e tartaruga
Inv. 27832. *Tintinnabulum* di bronzo in forma di fallo-uccello
Inv. 27838. *Tintinnabulum* di bronzo in forma di fallo-uccello-quadrupede
Invv. 27839 e 27840. *Tintinnabula* di bronzo in forma di fallo-uccello-quadrupede
Invv. 27837. *Tintinnabulum* di bronzo in forma di fallo-chimera
Invv. 27845. *Tintinnabulum* di bronzo
Invv. 27870, 27871 e 27872. Lucerne di bronzo a forma di nanerottolo danzante
Invv. 27868, 27869, 116661. Lucerne di terracotta raffiguranti un satiro grottesco
Inv. 109411. Lucerna di terracotta configurata come un intellettuale grottesco
Invv. 27865 e 109412. Lucerne di terracotta con scena erotica
Invv. 110112. Lucerna di terracotta con scena erotica
Invv. 109413. Lucerna di terracotta con scena erotica
Inv. 27862. Lucerna di terracotta con scena erotica
Inv. 27865. Lucerna di terracotta con scena erotica
Inv. 27864. Lucerna di terracotta con scena erotica
Inv. 27859. Vasetto fittile configurato a

maschera, contenente fallo mobile
Inv. 125169. Vasetto fittile configurato a maschera, contenente fallo mobile
Inv. C.S. 908. Vasetto fittile configurato a maschera contenente fallo mobile
Inv. 109415. Vasetto fittile contenente fallo mobile

56. Vetrina
La sessualità che protegge
Inv. 27731. Statuetta bronzea di Priapo
Inv. 27732. Replica moderna della statuetta precedente
Invv. 27716 / 27719. Quattro figurine di Priapo in terracotta
Inv. 20270. Gruppo con Amore e Psiche in terracotta
Inv. 117104. Coppia che si bacia su *kline*, in terracotta
Inv. 129972. Statuetta bronzea caricaturale
Inv. 124168. Statuetta bronzea di Priapo
Inv. 27747. Amuleto fallico in argento
Invv. 27745 e 27767. Amuleti fallici di bronzo
Inv. 120273. Amuleto fallico di bronzo, con pendagli in forma di cuore
Invv. 27748, 27754, 27760. Amuleti fallici in osso
Invv. 27756 e 119820. Amuleti fallici in corallo
Inv. 27764. Amuleto fallico bicipite, di terracotta
Invv. 27795 e 27798. Amuleti di *faïence*
Inv 27797. Amuleto di cristallo di rocca
Invv. 27821 / 27823. Manine, in *faïence*
Inv. 27815. Amuleto doppio di bronzo
Inv. 27811. Amuleto doppio in legno
Invv. 27808 e 27812. Amuleto doppio di bronzo
Inv. 27819. Amuleto doppio in bronzo
Inv 27807. Amuleto doppio, di osso, con gorgoneion
Inv. 109866. Amuleto doppio, di osso, con foglia e fallo
Inv. 121720. Amuleto d'osso, configurato a testa bifronte e fallo
Inv. 27801. Amuleto di bronzo
Inv. 196428. Amuleto d'osso
s.n. Serie di amuleti di *faïence*

Sala 65e
La sessualità che protegge
57. Inv. 113415. Rilievo con fallo di tufo, dipinto di rosso
58. Inv. 27683. Affresco, insegna di bottega con asino, leone e la dea Vittoria
59. s.n. Rilievo con fallo in tufo
60. s.n. Rilievo con fallo in tufo, in un tempietto
61. Inv. 27741. Rilievo in travertino con fallo ed iscrizione *hic habitat felicitas*
62. s.n. Affresco, insegna di bottega con Mercurio che avanza

63. Vetrina
Gli oggetti erotici della raccolta Borgia
Inv. 27713. Bassorilievo di marmo con oca, gallina, anatra ed un'erma in forma di gallo
Inv. 27852. Bronzetto a forma di testa con fallo sulla fronte
Inv. 27715. Bronzetto con scena di sodomia
Inv. 27861. Lucerna di terracotta con scena erotica
Inv. 27867. Lucerna a vernice nera con fallo alato
Invv. 27829 e 27830. Pendagli di bronzo a testa di bue
Inv. 27672. Specchio etrusco di bronzo inciso
Inv. 27678. Arpocrate grottesco in pietra tenera
Invv. 27673, 27674, 27677, 27679. Nani seduti (Arpocrate?), in pietra tenera
Inv. 27676. Nano con doppia gobba, in pietra tenera

Introduzione

L'attenzione verso gli oggetti «osceni» e la loro raccolta ha costituito fin dagli inizi della riscoperta dell'Antico, nel Rinascimento, uno dei tratti caratteristici, anche se forse non tra i più rilevanti, del nuovo atteggiamento verso la classicità. Il rifiuto medioevale delle immagini antiche aveva certamente coinciso anche con la ripulsa cristiana, fondata sull'autorità dei Padri della Chiesa, della loro «impudicizia»[1]; a fronte di essa, la nuova libertà umanistica si esprimeva anche nell'accettazione e nell'esaltazione gioiosa della bellezza del piacere fisico e delle sue immagini. Entrarono così a far parte delle nascenti collezioni di antichità, accanto alle medaglie, alle gemme e ai ritratti di imperatori, statue di divinità, ninfe, Menadi e Satiri, effigiate in atteggiamenti amorosi (le più esplicite delle quali furono talvolta allusivamente disposte, sulla base del tema erotico, in «giardini d'Amore», come quello famoso della villa della Farnesina). Ed insieme alle sculture entrarono in quasi ogni raccolta anche oggetti decisamente minori, come specchi, lucernette con le scene erotiche, o le cosiddette *spintriae*, i piccoli gettoni bronzei usati forse in età imperiale come tessere d'ingresso gratuito ai lupanari, offerte al popolo in particolari occasioni di festa. Una di queste raccolte di «curiosità» era, ad esempio, a Mantova presso il tesoro dei Gonzaga, e ad essa probabilmente – oltre che ai versi dell'Aretino – si ispirò Giulio Romano per comporre i suoi Modi e posizioni d'amore, la famosa raccolta di incisioni, curata da Marcantonio Raimondi (1524), con delle coppie impegnate a fare l'amore in sedici diverse posizioni. Una collezione di maggior impegno sembra essere stata, un secolo dopo, quella dell'erudito francese Louis Chaduc, che possedeva ben centottanta intagli nei quali erano rappresentate «tutte le stravaganze amorose dell'antichità greca e romana». Ne abbiamo notizia perché fu oggetto di una trattativa per trarne dei calchi da parte di uno dei più famosi antiquari del tempo, Nicolas-Claude Fabri de Peiresc che, per parte sua, possedeva solo quattro gemme di questo tipo, tra cui una con l'immagine di «un organo genitale femminile deificato» (*diva matrix* o *vulva deificata*) a forma di lumaca-farfalla, un famoso caso di falso tra i tanti che circolarono[2] in questo periodo. Sulla «libertà» rinascimentale era intanto caduta la dura condanna della Controriforma, che fece vittime illustri nei paesi cattolici, dai nudi michelangioleschi del Giudizio Universale alle statue antiche del Vaticano, chiuse da portelli di legno e poi escluse del tutto alla vista da Pio V. Le nuove norme del decoro da tenersi nelle esposizioni domestiche delle opere d'arte sono così sintetizzate da Giulio Mancini nelle sue «*Considerazioni sulla Pittura*» (1619):
«[il padrone di casa faccia collocare le immagini] lascive, come Veneri, Marte, Tempi d'anno o donne ignude, nelle gallerie di giardini e camare terrene ritirate; le deità nelle camare più terrene, ma più comuni, e le cose lascive affatto si metteranno nei luoghi ritirati, e se fusse padre di fameglia, le terrà coperte, e solo alle volte farà scoprirle quando vi andrà con consorte o persona confidente e non scrupolosa».
Questi decorosi precetti vennero alquanto in disuso nel Settecento, messi da parte senza clamore dal frivolo mondo rocaille non meno che dal razionalismo illuministico europeo. Alexander Pope, nei suoi *Moral Essays* del 1731 (Epistola IV) parlava di «sporchi dei» (*dirty Gods*) a proposito delle statue antiche raccolte a Wilton House da Thomas Pembroke (1656-1733), ma una generazione più tardi le immagini delle dee e delle Menadi dei vasi, delle pitture e dei marmi antichi potevano far da pretesto per le discinte *Attitudes* di Emma Hart-Hamilton, esibite senza scandalo, anzi con un'aura di fascino culturale, nella casa dell'inviato inglese alla corte napoletana, il che contribuì, per la sua parte, a guadagnare a Napoli, nel bel mondo del Grand Tour, l'immagine di una città viva, moderna e di livello europeo. E quando il cavaliere Hamilton dovette sceegliere un curatore per la

pubblicazione della sua raccolta di antichità, la scelta di un antiquario come Pierre Hugues, sedicente barone d'Hancarville, non sarà pregiudicata dal pur grave episodio in cui questi incorse quando fu espulso da Napoli (1769) per avere pubblicato un'opera libertina sul «culto segreto delle dame romane» per Priapo, un erudito centone di passi «scabrosi» di autori antichi messi a commento di una raccolta di incisioni gemme erotiche, la maggior parte delle quali erano però di pura invenzione dell'autore[3]. Non dovette mancare al d'Hancarville il sostegno, se non la collaborazione, del giovane amico consigliere dell'ambasciata francese a Napoli, quel Dominique Vivant Denon che sarà il futuro creatore del Grand Louvre napoleonico, ma che per ora era noto solo come autore di un indiscreto ritratto a matita di Voltaire (*Déjeuner à Ferney*) e di un quasi innocente romanzo libertino (*Point de Lendemain*, 1777). Nel suo soggiorno nella città partenopea (1777-1785), Denon si diede ai disegni di soggetto erotico in parte ispirati alle antichità vesuviane (tra cui il famoso e inaccessibile gruppo scultoreo di «Pan e la capra»), che poi inserirà nella sua raccolta dei *Priapées*[4]. Maggior scalpore intorno ai temi erotici napoletani suscitò una ricerca dello stesso Hamilton sulla sopravvivenza ad Isernia del culto di Priapo in quello contemporaneo dei Santi Cosma e Damiano, uno dei primi studi antropologici comparati sulla sessualità antica e moderna. Hamilton inviò la sua relazione alla Royal Society di Londra nel 1781 e, quali prove scientifiche del suo studio, depositò poi nel 1784 al British Museum alcuni esemplari di *ex voto* del culto isernino, dei falli di cera che voleva fossero collocati nell'esposizione accanto ai «Priapi» antichi di cui aveva già fatto dono al Museo londinese[5]. E, per continuare con Hamilton, ricordiamo che teneva nella sua camera da letto a Palazzo Sessa un'incisione di Gavin Hamilton del quadro di un artista veneziano del tempo, Giuseppe Perini, con un Pan che ammira, svelatala, una Venere dormiente con accanto il piccolo Amore[6], un soggetto che non poteva non ricordare al grande connoisseur inglese alcuni piccanti quadri mitologici della famosa raccolta di antichità del Re di Napoli, quella che faceva della città partenopea uno dei luoghi eccellenti della geografia libertina del *Grand Tour*.

Dominique Vivant Denon, Pan e la capra. Napoli, Museo Archeologico Nazionale

Fin da quando ebbero inizio gli scavi nelle città vesuviane, i diari dei lavori avevano registrato infatti, con malcelato imbarazzo – cadeva in crisi il mito della grandezza morale dei Romani, modello di ogni regno e impero! – la scoperta di sempre più numerose «cose oscenette»: amuleti, lucerne, pitture, rilievi che rappresentavano, esplicitamente e spesso caricaturalmente, scene di attività sessuali[7]. Esibite, dapprima, senza particolari censure ai visitatori del *Museum Herculanense* di Portici, esse da un lato segnavano una conferma di quella profonda differenza, già nota ai conoscitori della letteratura antica, che esisteva, riguardo al sesso, tra il punto di vista degli antichi e quello dei moderni, dall'altro cominciarono però a costituire presso il pubblico meno avveduto, il mito, tanto falso quanto, ahimè, perdurante, di una Pompei lasciva e corrotta[8], «dedita alla più sordida impudicizia per cui da Dio meritò, come Sodoma, il castigo del fuoco». Sì che se da un lato gli antiquari – pochi, in verità – si dedicarono ad interpretare più o meno correttamente i nuovi dati forniti dagli scavi (vedi gli studi di Hamilton sul culto di Priapo e quello di M. Arditi sul «fascino»[9]) e a pubblicarli con oggettività (come nelle splendide tavole nel volume dei bronzi delle Antichità di Ercolano), dall'altro lato essi stessi, impotenti a colmare le differenze di mentalità, finirono per reagire a quel luogo comune con una separazione fisica degli oggetti. Questo progressivo irrigidirsi del clima culturale napoletano traspare da alcuni indizi illuminanti. Se ancora infatti nel 1770 il Vanvitelli poteva proporre al re Ferdinando IV di trasferire e collocare senza censure in una stanza grande della nuova Reggia di Caserta quattro sculture che a Roma stavano nel «Gabinetto Segreto di Strada Giulia» annesso a Palazzo Farnese («due Baccanti che portano in mano stromenti baccanali, un Satiro, che insegna a suonar la pistola ad un giovinetto, e un Mercurio, che abbraccia una ninfa...»)[10], quindici anni dopo, nel 1785, il pittore Philipp Hackert, consulente artistico del sovrano, dispose che l'architetto Pompeo Schiantarelli, nel realizzare il progetto del «nuovo Museo degli Studi a

Napoli», tenesse conto del fatto che, nella sezione delle antichità già formanti il «Museo di Ercolano», si sarebbero dovute prevedere «alcune Stanze libere per riporvi il Priapismo ed altre cose, per cui vi vuole un Dispaccio particolare per vederle»[11]. In attesa che si realizzasse il nuovo Museo napoletano, il consiglio dello Hackert cominciò ad applicarsi a Portici e nel 1794 per la prima volta è documentata nel Museo Ercolanense l'esistenza di una sala, la XVIII, riservata alle antichità «oscene», che poteva essere visitata solo a richiesta e con permesso speciale. La creazione tardiva, nella storia del museo di Portici, di questa sala mostra peraltro che una tale necessità venne a porsi solo nel clima più prudente seguito alla Rivoluzione Francese, ma, una volta creatasi la sala – il pezzo forte ne era il «Pan e la capra» – la neo istituita categoria dell'osceno archeologico finì per richiamare in essa anche oggetti prima liberamente esposti alla vista in altre sale, come il famoso tripode coi satiri itifallici, già esposto nella prima sala, e i *tintinnabula*, dalla seconda.
Dopo il trasferimento, durato lunghi anni, del Museo da Portici al Palazzo degli Studi, la collezione dovette per qualche tempo essere nuovamente esposta, dimenticando il consiglio dell'Hackert, senza particolari restrizioni, se nel febbraio del 1819 il principe ereditario e poi futuro re Francesco I (1825-1830), in occasione di una visita al Museo con la moglie Maria Isabella e la figlia Luisa Carlotta, dovette «suggerire» «che sarebbe stata cosa ben fatta il chiudere tutti gli oggetti osceni, di qualunque materia essi fossero, in una stanza; alla quale stanza avessero poi unicamente ingresso le persone di matura età e di conosciuta morale»[12]. Allestita al primo piano del Museo, tra il gabinetto dei vetri e quello dei preziosi, la raccolta fu detta «Gabinetto degli oggetti osceni» e poi, meno esplicitamente, nel 1823, «riservati»[13]. All'epoca della prima istituzione esso conteneva – come recita una guida del tempo – centodue «infami monumenti della gentilesca licenza». L'episodio della visita del 1819 di Francesco I fu narrato pochi anni dopo dallo stesso direttore Arditi nel suo studio sul «Fascino»: «mancava di questa stanza il Museo Regale Borbonico; e se io ne ordinai la costruttura, debbo confessare per amore del vero, che la idea mi fu suggerita da S.A.R. il duca di Calabria (oggi Augusto Sovrano) nella cui persona la Morale e la Religione hanno sempre capeggiato in particolare modo fra l' coro delle altre Sue molte virtù. Venne egli a visitare...».

In realtà, al di là dell'occasionale bigottismo del re, la condanna del «priapismo» indicava la condanna di tutta la cultura di un'epoca che, tra la fine del Settecento e gli inizi dell'Ottocento, se ne era abbondantemente servita in chiave per lo più filofrancese e filorivoluzionaria (quando non semplicemente eccentrica): dagli scritti di P.-S. Maréchal, alla ricostruzione piranesiana di un tempio di Augusto con un doppio fallo nell'atrio, ai progetti dell'architetto Ledoux di moderni lupanari civici a forma di fallo, al mausoleo con la stessa forma progettato dall'inglese J. Soane, alla ricostruzione del «Tempio di Priapo» effettivamente realizzata dello svedese C.A. Ehrensvard[14]. La reazione fu pesante ovunque, in Inghilterra prima (in chiave antifrancese) e nel resto dell'Europa poi, si che collezioni separate di materiali artistici di questo genere furono costituite nel corso dell'Ottocento anche a Firenze, Madrid, Londra, Dresda e Berlino.
Un'eco, e un esempio, di questo mutato atteggiamento si avverte nelle reazioni dei visitatori di Pompei, anche i più avvertiti e colti, di fronte alle insegne falliche poste sulla facciata delle botteghe. Se nel 1774 l'architetto Pierre-Adrien Pâris vedeva nel famoso fallo sulla *taberna* della via Consolare una prova del relativismo del concetto di moralità «sul piedritto che separa questa bottega dalla successiva si vede un fallo in terracotta che verosimilmente serviva da insegna, tanto i costumi di quel tempo erano diversi dai nostri...»[15], nel 1831-32 Stendhal annoterà nelle sue *Promenades*[16], senza far mostra di alcuna idea di relativismo culturale, la seguente osservazione scandalizzata a proposito della famosa insegna con la scritta *hic habitat felicitas*: «ci si immagina una donna onesta che abitava a Pompei e che leggeva tutti i giorni questa scritta, passando per strada?». E, coerentemente con questo sdegno, nella descrizione di Pompei che pubblicò tra il 1835 ed il 1857 quel classico della letteratura popolare che fu «Le Magasin Pittoresque», sparirà ogni sia pur minimo accenno ai temi dell'erotismo e della sessualità.
A Napoli stessa si respirava ormai evidentemente tutt'altro clima che nella Napoli di Hamilton, il clima della Restaurazione e del nuovo Concordato (1818) con la Chiesa di Roma, quella Roma dove, di lì a qualche anno, perfino le nudità del genietto funebre di Canova sulla tomba di Clemente XIII sarebbero state fatte coprire con un velo di stucco da Leone XII.

G. Romney, Lady Hamilton come Diana

«Taberna» sulla via Consolare, da «Le Antichità di Ercolano esposte» Napoli 1757-1792, tav. XCVII

Lo stesso clima che porterà del resto nel 1821 al decreto del 7 maggio relativo all'interdizione dell'esposizione al pubblico «di tutte le pitture oscene, e tutti gli altri oggetti che conducono all'immoralità» e alla proposta di Arditi (1821), preoccupato evidentemente per possibili deturpanti stuccature o peggio, di «coprire le parti pudenti» delle statue «con pampini di vite, formati di latta, e sostenuti da sottile ferro filato, senza deturpare in menoma parte le statue». Fu lo stesso Arditi, per evitare le tendine sui quadri moderni, previste dalla nuova legge, a proporre di riunire questi ultimi in un «Gabinetto dei quadri osceni» che, con questo nome, fu di fatto istituito nello stesso anno.

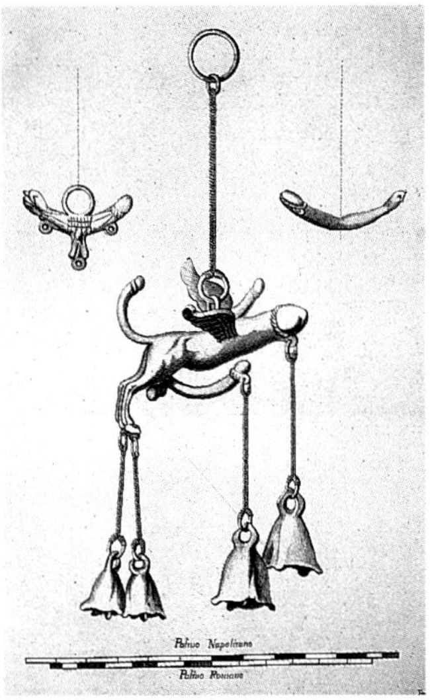

«Tintinnabulum» ed amuleti, da «Le Antichità di Ercolano esposte» Napoli 1757-1792, tav. VI

Nello stesso ottobre del '21 toccò alla Venere Callipigia, cui non si potevano applicare pampini di latta, di essere tolta dalla normale esposizione nella sala delle Veneri antiche per essere segregata nel Gabinetto riservato; e ad essa undici anni dopo, nel 1832, il nuovo re Ferdinando II ordinò che si aggiungessero tutte le «Veneri nude che trovansi nel Museo delle Statue..., per farsi vedere solo a coloro che ne hanno bisogno per arte onde non recar nocumento al costume»; per buona sorte, si riduceva invece a sette il numero dei quadri del nuovo «Gabinetto dei quadri osceni», detto da allora «Gabinetto della Danae».

La stessa «riservatezza», unita alla fama della loro abbondanza e varietà, dei materiali «osceni» pompeiani, era però destinata a costituire uno dei richiami specifici del Museo napoletano. Nel 1822 erano ancora solo venti le richieste di autorizzazioni alla visita pervenute al Ministro competente[17], ma già due anni dopo si era passati a trecento! Per alleviare la fatica agli scrivani ministeriali – non risultano mai permessi non accordati – si fecero addirittura stampare dei moduli di autorizzazione, che venivano rilasciati al nome del richiedente e spesso di una compagnia standard di quattro persone[18]. Facevano a gara a chiedere l'autorizzazione i nobili europei, ultimi epigoni del Grand Tour, i diplomatici, gli archeologi, molti artisti; consultando gli archivi, i visitatori più numerosi risultano gli Inglesi e i Francesi, seguiti da Tedeschi, Americani, Austriaci, Russi, mentre, tutto sommato, sono pochi gli Italiani[19]. Per curiosità, tra i nomi illustri registrati dai permessi di visita rilasciati tra il 1822 ed il 1847 ricordiamo quelli di Karl F. Schinkel (1824), Gaetano Donizetti (1824), Cesare Cantù (1840), Francesco Hayez (1840), e, tra i raccomandanti autorevoli, Carlo Rosmini che nel 1824 appoggia la richiesta del suo amico milanese Gian Jacopo Trivulzio.

Proprio la procedura dei permessi ufficiali che, come ricordava il ministro Santangelo in un suo rapporto del 1846, «non si rilasciano da questo Ministero se non a richiesta di Diplomatici, e di altri cospicui personaggi»[20], dovette far spesso sorgere la tentazione di scorciatoie meno ufficiali per i personaggi meno «cospicui» ma ugualmente curiosi di accedere a una tanto promettente raccolta. Proprio quell'anno si scoprì un traffico clandestino di permessi falsi[21] che i custodi del Museo vendevano ai turisti stranieri, facendoli arrivare fino ai loro alberghi, come la «Locanda della Vittoria».

Davanti a questo crescente interesse internazionale[22], montava l'irritazione dei napoletani più conservatori, ergentisi a difesa del buon nome del Regno napoletano. Ne è un divertente esempio la supplica con la quale un anonimo sacerdote avanzava al re nel maggio del 1827 la richiesta di sopprimere il Gabinetto[23]:

«Un suddito fedele di Vostra Maestà, qual cristiano religioso, che guarda in Vostra Maestà il sostegno della Nostra Santissima Religione, prostrato al Regio Trono, vi manifesta cosa che fa ergere le chiome dall'orrore e dallo spavento [...]. Sire, l'oggetto delle mie preci è il seguente. Non ha guari, che essendomi portato nel Vostro Real Museo, per visitar ivi i capi d'opera che Vostra Maestà possiede, m'imbattei in una compagnia di forestieri, che curiosava la stanza riservata delle cose oscene; colsi il momento per mischiarmi tra i suddetti forestieri. Entrai; Iddio immortale! Vidi spettacolo orrendo! degli oggetti che erano impegnati nel coito, così immodestamente che a parlarne solo, per farne descrizione, il sangue mi si gela nelle vene. Là vidi una donna sopragiacente a un uomo, ambo ignudi; qui una capra, che tien dietro ad un'altra, col membro erto, e che è nell'attitudine di coitare; in altra parte un uomo su di un altro, che commette il nefando vizio della sodomia; sparsi vari priapi, ed altri oggetti che mi fanno gelare la mano, e il core.

Sire, questa stanza è la peste della Religione, è la corruttrice della morale de' più modesti giovani, è la ruina de' Vostri sudditi. Atterrito mi ritirai, raccapricciato, ed ondeggiante tra mille orrorosi pensieri. Né ciò sia meraviglia; quella stanza è l'Inferno, corrompe la morale delle persone più caste, religiose, e sante, alterandosi la fantasia di chicchessia

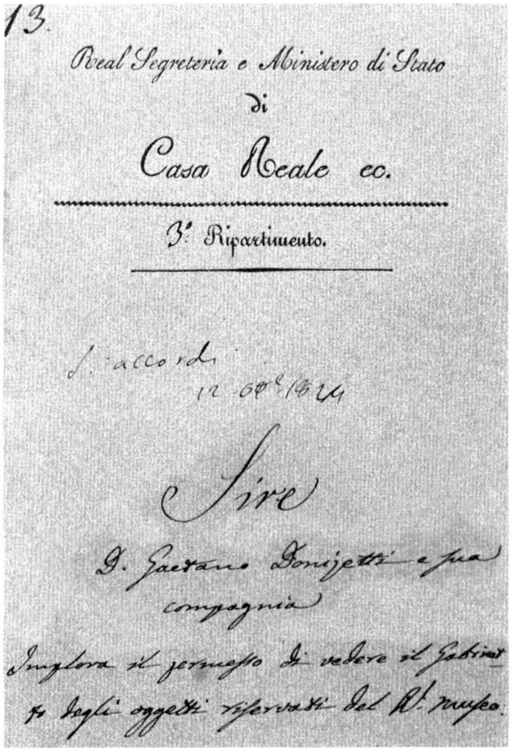
13.
Real Segreteria e Ministero di Stato
di
Casa Reale ec.
3° Ripartimento.

Si accordi
12 8bre 1824

Sire
D. Gaetano Donizetti e sua
compagnia
Implora il permesso di vedere il Gabinet
to degli oggetti riservati del R.l museo.

«Sire, D. Gaetano Donizetti e sua compagnia Implora il permesso di vedere il Gabinetto degli oggetti riservati del R(ea)l Museo»
«Si accordi. 12 ottobre 1824».
Permesso per la visita al Gabinetto Segreto accordato a Gaetano Donizetti. Napoli, Archivio di Stato

con figure così orrorose, ed immodeste. Difatti, la compagnia era inglese, ed io, che ho imparato la lingua di essi, intesi che dicean fra loro a chiare note: "È questo il Regno Cattolico che si vanta di sana morale? È questo il ricovero de' cattolici Romani? Vergogna! Solo a Napoli si riveggono queste cose infami!" Considerate, o Sire, il mio dispetto, nel sentire tali rimbrotti ad una nazione, che mira in Vostra Maestà il più santo cristiano. Sire, chi scrive è un sacerdote, che tocca un Dio ogni mattina, e che conosce benissimo che i sacri canoni fulminano una scomunica solenne contro i detentori di tali pestiferi oggetti. Io mi aspetto che Vostra Maestà ordini immediatamente la soppressione di tali detestandi oggetti, senza potersene avere più memoria. Io vi raccomando a Dio nel Santo sacrificio della Messa, che vi ispiri tale giustissima soppressione, e che, seguita questa, ve ne dia merito, aprendovi le porte del Paradiso [. . .]».
Più misurato e pragmatico sull'argomento è il punto di vista del Direttore del Museo, Francesco Maria Avellino, contenuto in un appunto redatto verso il 1848: «i monumenti osceni e licenziosi dell'arte antica giustamente meritano l'abbominio de' cristiani e la piena gelosa cura perché non servano ad eccitamento de' vizii. E per(ci)ò conviene tenerli segregati, ed interamente interdirne la vista a' giovani, agli ecclesiastici di qualunque età ed alle donne.
Ma quando a ciò si provvegga co' mezzi più energici, ed atti a prevenire ogni frode, non debbono poi gli stessi monumenti credersi inutili interamente sotto gli altri interessanti aspetti, primo, delle arti, secondo, della storia.
Sventuratamente spesso i più egregii antichi artisti in ogni genere si sono nelle loro opere abbandonati alle laidezze. Astrazion fatta da ciò, i loro lavori per tutto il di più restano ammirabili, e formano parte essenziale della storia e dello studio dell'arte.
Quando anche poi i lavori osceni fossero mediocri o cattivi sotto l'aspetto dell'arte, restano sempre preziosi per lo studio della storia religiosa e civile degli antichi, intorno alla quale ci danno documenti importantissimi. Ne recherò due soli esempli de' mille che potrei addurne.
Il Sig. Raoul-Rochette, ed il Sig. Letronne, distinti francesi archeologi, si sono recentemente tra loro divisi di opinione sul concetto che gli antichi faceano de' monumenti osceni, e sull'idea che se ne formavano: ora i soli monumenti spiegar possono questa parte della storia morale delle antiche popolazioni.
I monumenti pompejani ci hanno anche soli istruiti della tristissima verità che negli usi di que' tempi questi sciagurati monumenti erano nelle case private esposti agli occhi di ciascuno!».
In realtà, anche per effetto della divulgazione letteraria[24], al di là dei *distinguo* degli archeologi, la fama delle antichità pompeiane (e per riflesso, della raccolta napoletana) cresceva per l'Europa sotto il segno di un erotismo venato di animismo e di esotismo. Ne è tipica espressione un brano di una lettera di Gustave Flaubert dopo una visita a Pompei[25]: «Ti mando i fiori che ho colto in un bordello sulla cui porta si drizzava un fallo in erezione. In quella casa c'erano più fiori che nelle altre. Forse gli spermi degli antichi peni, caduti al suolo, hanno fecondato la terra».
Nessuna meraviglia perciò che la raccolta napoletana ne influenzasse altre, come quella dell'inglese George Witt che, procuratosi sia copie delle pubblicazioni sia calchi ed acquerelli dei pezzi napoletani più importanti, formò a sua volta una collezione dei «simboli del primo culto dell'Umanità» (Symbols of the Early Worship of Mankind), poi acquisita al British Museum nel 1865, più o meno nel periodo

dell'*Obscene Pubblications Act* (1857). Anche questa collezione è rimasta anch'essa a lungo esclusa dalla visita pubblica, e fa attualmente parte del Dipartimento del Medioevo e della Tarda Antichità. Nell'epoca delle rivoluzioni ottocentesche la sessualità antica, già bandiera (minore) della Rivoluzione francese, divenne, inevitabilmente, il metro della libertà moderna. Nella ventata di novità introdotte dal governo riformatore che il re era stato costretto ad accettare dopo i moti rivoluzionari del 1848, vi fu anche, tra le altre, l'istituzione di una Commissione per la riforma dell'amministrazione del Real Museo Borbonico. Sotto la spinta di liberali come Giuseppe Fiorelli[26] la Commissione sollecitò il Ministero e il Re a porre mano a vari provvedimenti, tra cui quello di moderare la censura sull'accesso al Gabinetto, e, soprattutto, di ordinarlo secondo le ragioni della scienza; così in una nota (che, ad ogni buon conto il Ministro sottopose al parere del Re e dell'Arcivescovo di Napoli), il Presidente della Commissione osservava: «il detto Gabinetto non è stato mai ordinato né secondo le ragioni della scienza e dell'arte, né secondo le ragioni del costume: dappoiché gli oggetti ivi rinchiusi vi sono stati messi alla rinfusa, e senza una compiuta indagine... il Ministero nel dare le sue istruzioni alla Commissione, ha dovuto suggerire che il Gabinetto riservato non solo si ha ad ordinare, ma se ne hanno a sceverare e metter fuori alcuni oggetti che non si vogliono dire osceni, essendo appena itifallici. L'itifallico è tutt'altra cosa che il fallico: questo è di rappresentazione oscena, quello è del carattere degli amuleti. E si deve credere che i dotti e probi uomini della Commissione, secondo le istruzioni ricevute sapranno ben distinguere l'una cosa dall'altra: ed a loro sarà fatta anche raccomandazione di usare tutto il discernimento che vuole il più onesto pudore. Sieno adunque tranquille le coscienze de' buoni sopra siffatte cose»[27].

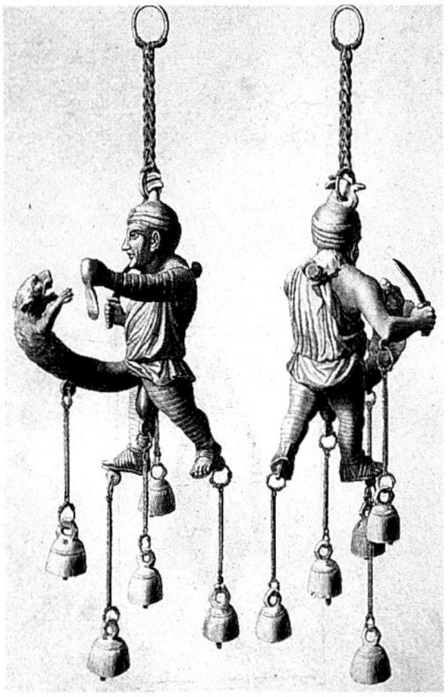

«Tintinnabulum» in bronzo, da «Le Antichità di Ercolano esposte» Napoli 1757-1792, tav. VI

Se la rivoluzione ottenne che almeno i due gabinetti delle Veneri e di Danae fossero effettivamente aperti nel 1848, la reazione del 1849 rispose con disposizioni intese a chiudere in essi anche «tutte le Veneri e le altre figure nude dipinte o scolpite, qualunque ne fosse l'autore», a cominciare dall'Afrodite di *Doedalsas*. Si pensò di risolvere definitivamente il problema qualche anno dopo, nel 1851, quando il direttore Spinelli di Sangiorgio fece trasferire tutta la collezione «itifallica» in due stanze di deposito al primo piano di cui fu murata la porta «perché – narra G. Fiorelli – si distruggesse qualunque esterno indizio della funesta memoria di quel gabinetto e se ne disperdesse per quanto era possibile la memoria» e, ancora nel 1856, vi finirono dentro perfino la «Danae» di Tiziano, la «Venere che piange Adone» ritenuta del Veronese (in realtà di Luca Cambiaso), il cartone di Michelangelo con Venere e Adone ed altri dipinti moderni oltre a ventidue statue antiche di marmo tra cui la Nereide su pistrice da Posillipo «che sarebbe stata distrutta – commenterà poi G. Fiorelli – se lo scultore Antonio Calì non si fosse ricusato più volte ad occultare coi restauri di marmo le nudità della figura».
Fatalmente, con queste premesse, la riapertura del Gabinetto entrò nel programma di Garibaldi come momento essenziale di una politica culturale liberale[28]. Fu lo stesso Dittatore, recatosi in visita al Museo quattro giorni dopo la sua entrata in Napoli, ad ordinare allo sbigottito Direttore Spinelli e al Controllore Bernardo Quaranta, di trarre fuori dalla segregazione «per farle osservare giornalmente al pubblico» le opere riservate. La giornata, l'11 settembre 1860, in cui furono «tolte alle statue le foglie di fico» dei parchi pubblici e furono aperte al pubblico le collezioni segrete è narrata in una pagina, decisamente filogaribaldina, dello scrittore tedesco Gustav Rasch, testimone oculare dell'evento: «Spettacolo comico, ma che pure aveva qualche cosa di triste. Ci trovavamo in una sala che, larga forse sei passi, ne contava una ventina in lunghezza. La finestra, ad arco, era stata murata. Abbattuta per metà la muratura, una parte dei mattoni e del calcestruzzo giaceva ancora al suolo. La luce, cadendo dalla parte superiore della finestra, ora aperta illuminava venticinque, fra gruppi e statue dell'antichità, dei più belli che io abbia mai veduto. Le statue erano allineate lungo le pareti fitte fitte: nudi femminili di straordinaria bellezza e d'una perfezione di forme veramente plastica; i gruppi erano nel mezzo. L'angusta sala, le pareti nude, senza alcuna decorazione, la povertà di tutto l'ambiente, la finestra per metà otturata, in contrasto appunto con tanta bellezza, destavano un'impressione di grande tristezza. Erano la bellezza e la perfezione plastica dell'antichità, incarcerate. Ammirati, con emozione profonda, contemplammo un tratto le statue, e ci guardammo...».
Più imbarazzato è lo stesso Rasch di fronte alla

collezione delle antichità «oscene» pompeiane i cui affreschi gli apparvero «tali, tutti, da non poter assolutamente trovar posto, ai dì nostri, in una pubblica esposizione».
In realtà un documento del tempo, il verbale dell'operazione conservato nell'Archivio Storico della Soprintendenza, dimostra che il Rasch ha colorito con molta fantasia questa «liberazione delle Veneri» alla quale, quasi certamente non ha assistito affatto. Le cose andarono infatti molto meno eroicamente – nessuna traccia di muri abbattuti, già sostituiti da meno appariscenti chiavistelli -, più burocraticamente, ma certamente con un tocco di comicità in più.
Udiamo il resoconto dei protagonisti:
«Oggi undici del mese di settembre 18sessanta nel locale del Museo nazionale. Noi Principe di San Giorgio Spinelli Direttore del Museo Nazionale e degli Scavi di antichità (si noti l'introduzione del nuovo nome del Museo), e Commendatore Bernardo Quaranta Controloro del Museo stesso, avendo ricevuto ordine espresso del Dittatore per mezzo del Colonnello dello Stato Maggiore M^{r}. Bordeaux e del Maggiore Marchese de' Vecchi di fare subito aprire le stanze chiuse a tre chiavi ed a triplice suggello ove si conservano le Veneri in marmo – alcuni quadri con figure muliebri nude – e varj oggetti osceni, e di rimanere aperte tanto per il Dittatore ch'era per venire a visitare il Museo, quanto per farle osservare giornalmente al pubblico. Avendo Noi Direttore Loro risposto che una delle tre chiavi conservavasi nella Reale Maggiordomia Maggiore, essi ci hanno ingiunto di procurarla e, non trovandola, di subito scassinar le stanze. Quindi dietro siffatto perentorio ordine, senza mettere tempo in mezzo, Noi Direttore ci siamo recati dal Sig. Marchese Targiani incaricato dell'Amministrazione di Casa Reale onde avere quella delle tre chiavi diverse che colà si conservava; al che il detto Marchese ha risposto che gli riusciva impossibile di poterla rinvenire, e che perciò consentiva che si fossero scassinate le porte. Conseguentemente recatoci nel detto Museo coll'intervento del Sig. Controloro Commend. Quaranta, dei Custodi sotto scritti nel presente verbale, avendo verificato l'integrità de' tre suggelli, aperte le due serrature, le di cui chiavi erano in possesso di Noi e del Controloro, per aprire la terza abbiamo chiamato Baldovino Trapani Artefice del Museo stesso, ed alla presenza di tutti abbiamo scassinato le soprascritte stanze ed entrativi abbiamo proceduto alla cognizione e riconsegna degli oggetti contenuti in esse, e che abbiamo trovati identici ai verbali relativi al loro deposito, dopo che abbiamo disposto che le dette stanze rimanessero aperte al pubblico, consegnando gli oggetti di marmo ai Custodi Signori Luigi Lombardini, Giovanni Tucci e Giacomo Ceci, ed i quadri e gli oggetti osceni temporaneamente al Sig. Luigi Grasso»[29].
Così caricata di propaganda, l'apertura dei gabinetti segreti[30] fu seguita da qualche schiamazzo popolare, organizzato forse dai filoborbonici, sotto le finestre della casa al Chiatamone dell'ispiratore, con Fiorelli, della decisione propagandistica di Garibaldi e presto nuovo Direttore del Museo, il noto scrittore e giornalista Alexandre Dumas; e l'episodio gli causò la prima disillusione della sua brevissima carriera di museologo.
Nello stesso senso libertario va letta anche la immediata pubblicazione del catalogo della «Collezione Pornografica»[31] cui pose mano lo stesso Fiorelli (1866). Con l'occasione si provvide anche ad una revisione critica del contenuto del gabinetto: «un accurato esame di tali oggetti avendo dimostrato, che non tutti erano veramente osceni, e che molti avrebbero potuto ritornare alle rispettive collezioni, senza offendere per nulla il pudore de' riguardanti, alcuni di questi furono…restituiti alle varie classi cui prima appartennero…».
Il Catalogo del Fiorelli era diviso tra «Monumenti greci ed etruschi», una voce che comprendeva solo 14 oggetti, e «Monumenti romani», per lo più dalle città vesuviane, che, con 192 oggetti (in realtà sotto un solo numero sono spesso numerati più oggetti simili), rappresentavano la maggior parte della collezione.
Questi ultimi erano a loro volta divisi in: «dipinture» e mosaici; sculture; amuleti («veretri eretti», «falli pantici», «mani impudiche», corni, protomi di bove, «strutei con ali e tintinnabuli», «figurine averrunche»); utensili.
Anche dalla sola elencazione dei paragrafi appare chiaro lo sforzo di presentare questo ancora imbarazzante materiale nella maniera più scientifica possibile, in ordine cronologico e culturale (greci, etruschi e romani…) e con raggruppamenti per funzione e materia. Il linguaggio ipertecnico, senza alcuna spiegazione di termini tutt'altro che usuali (drillopote, morione, veretro, struteo etc…), l'assenza di qualsiasi commento alle stringatissime schede, la mancanza assoluta di illustrazioni mostrano bene la

Cratere attico a figure rosse, inv. 82545

Tiziano, Danae sotto la pioggia d'oro. Napoli, Museo di Capodimonte

difficoltà in cui nel redigere questo volume dovette trovarsi l'Autore che, ad onta delle sue convinzioni liberali, era assolutamente «conservatore» nella vita privata (come sappiamo dalle sue vicende personali), ed in linea con il senso ottocentesco della «decenza».
È del resto tipico dei perduranti pregiudizi moralistici del tempo il parere di un pur fine letterato come Pedro de Alarçòn che, visitando nel 1861 il riaperto Gabinetto Segreto del Museo, non vi trova di meglio che «la explicacion providencial de la destruccion de Pompeya» e oggetti che, pur «meravillosamente trabajados per el arte», mostrano «toda la vileza de los placeres mas immundos» del tempo antico e addirittura gli sembra che «se revelan allí la Nápoles griega, la Nápoles romana y la Nápoles de nuestras dias...».
Ben più ricca di commenti e di illustrazioni rispetto a quella di Fiorelli è la descrizione della collezione pubblicata nel 1877 da L. Barré, fondata sulla convinzione scientifica di mettere a disposizione degli storici, dei letterati, degli artisti, dei filosofi, un materiale documentario di grandissimo interesse da porre a confronto con le testimonianze letterarie pervenuteci dall'Antichità; nello stesso tempo, a scanso di possibili accuse di oscenità, il Barré sottolineava la funzione del libro quale strumento utile anche a sacerdoti e moralisti cristiani ai quali, avrebbe permesso, e qui citava Giovanni Crisostomo e Sant'Agostino – di «presentare i fatti in tutta la loro nudezza e senza reticenza» mostrando «quanto gli spiriti immondi, che pure vengono ritenuti dèi, possano sull'animo umano». Del resto l'importanza che in questo periodo «laico» si annette al Gabinetto

Mosaico con pigmei, da Roma, inv. 122861, particolari

anche sul piano nazionale appare nel 1894, dall'episodio dell'acquisto, da parte del Ministero della Pubblica Istruzione, perché entrasse a far parte della collezione napoletana, quasi esplicitamente designata alla funzione, a scala nazionale, di illustrazione antropologica della sessualità antica, di un bel mosaico con i pigmei trovato a Roma al Celio, nella vigna del conte Colacicchi, qualche anno prima.
Liberato da Garibaldi e aperto dal Consiglio di Soprintendenza (gennaio 1861) a tutti i «curiosi» salvo che ai fanciulli e, con particolare permesso, anche alle donne e al clero, il Gabinetto fu nuovamente sottoposto a limitazioni dall'amministrazione sabauda che prescrisse il permesso del Soprintandente per tutti e ciò fino all'aprile del 1901 quando lo storico Ettore Pais, appena insediatosi nel Museo come nuovo Soprintendente, succedendo a Paolo Orsi, chiese ed ottenne dal Ministero l'autorizzazione a chiudere definitivamente il Gabinetto «...il quale è per se stesso una fonte permanente di scandali e di mancia, salvo a mostrare i monumenti che esso conserva che a coloro che lo domandano per vera e provata ragione di scienza», ovvero quando, a giudizio dello stesso Soprintendente, «si tratti di scienziati i quali dimostrino di aver realmente bisogno di fare studi su quei dati oggetti». Oltre alle comprensibili preoccupazioni per gli illeciti che la gestione del Gabinetto aveva ripreso, evidentemente, ad alimentare, agiva però sul Pais anche una sua valutazione negativa, e francamente sorprendente in uno storico del suo valore, sulla stessa validità culturale della raccolta, definita, in chiave evidentemente polemica con l'allestimento fiorelliano, «una collezione di oggetti di scarsa importanza scientifica e che alimentava invece una morbosa curiosità». Le proteste dei visitatori ebbero tuttavia presto la meglio sulla rigidità del Pais, a giudicare dal tono di un permesso rilasciato due anni dopo: «il Gabinetto osceno è visibile tutti i giorni eccetto la domenica dalle ore tredici alle quindici. Ella quindi potrà recarsi a ritirare il relativo permesso all'ufficio Informazioni sito all'ingresso principale di questo Museo in quel giorno che più Le aggrada».
La situazione dovette restare così, col Gabinetto formalmente chiuso salvo che per studiosi ed artisti[32], fino al 1931, quando sollecitato da «un signore inglese» che aveva «mosso lamento a S.E. il Capo del Governo per le oscenità che si vedono in Pompei e nel Gabinetto Riservato del Museo di Napoli», il Ministero (R. Paribeni) chiese al Soprintendente Amedeo Maiuri «se non sia il caso di abolire il così detto Gabinetto Riservato, del quale alcune cose possono anche essere esposte, ed altre chiuse nei magazzini senza nessun danno per la scienza o per l'arte. Il fatto in sé della presenza di un Gabinetto Riservato non pare a questo Ministero sia molto compatibile con la dignità di un grande Istituto scientifico, e indubbiamente sollecita ignobili offerte e premure di guide». La risposta del Soprintendente fu ironica e piccata «...riuscirebbe assai interessante sapere di che cosa particolarmente il suddito inglese siasi doluto», tanto più che solo archeologi ed artisti avevano accesso a questi monumenti e, se l'inglese non era né l'uno né l'altro, era perché «accade talvolta di dover cedere alle vive insistenze di personalità italiane o straniere cui non si ha modo di opporre un rifiuto, ed è ben certo che il signore inglese deve aver lui stesso vivamente insistito per essere ammesso alla visita di collezioni notoriamente pornografiche onde non può non stupire il postumo pentimento». In ogni caso, il Maiuri colse la palla al balzo e, desideroso di liberarsi di questa collezione che ormai era soprattutto un problema, chiese al Ministero di essere autorizzato a chiudere completamente il Gabinetto, autorizzazione che gli venne solennemente data nell'aprile del 1931. Salvo ad ammettere, appena un mese dopo, un'eccezione, subito accordata dal Ministero, per «un suddito tedesco», evidentemente autorevole al di là dell'anonimato, che «da Berlino richiede, in occasione di un prossimo viaggio in Italia, di visitare il Lupanare di Pompei ed il Gabinetto Riservato».
Le lamentele dei turisti per la chiusura non mancarono, ma ricordandosi delle beghe coi custodi Maiuri tenne duro, anche opponendosi alle sollecitazioni, a favore dell'apertura, nel 1934, dell'Alto Commissario per la città e la provincia di Napoli; anzi, ricordò il Soprintendente all'alto funzionario, «per incidenti lamentati nei mesi scorsi si è dovuto chiudere anche il Venereo della Casa dei Vettii a Pompei». Questa stanza, come tutte le altre del genere a Pompei furono allora munite di porte mentre le pitture singole, come il Priapo dipinto nel vestibolo della Casa dei Vettii, furono provviste di sportelli di legno provvisti di lucchetti[33]. Anche questa fase di severità era destinata a durare poco. Nel 1938 si era

27698
27702
113196

infatti già ritornati ai permessi agli studiosi, veri o presunti, il cui vaglio era una seccatura di cui il Maiuri si liberò rapidamente incaricandone G. Consolo Fiego al quale raccomandò tuttavia di servirsi solo di personale «che dia maggior affidamento di onestà e di correttezza».

Dopo la seconda guerra mondiale la collezione, assommante a circa duecentocinquanta opere, restò ancora a lungo chiusa, con una gestione oscillante tra la severità e momenti d'apertura, ma sostanzialmente preoccupata soprattutto di arginare il perdurante malcostume delle visite clandestine ottenute con le mance. Va nel senso dell'apertura una disposizione interna del 1954 che prescriveva tra l'altro al Direttore del Museo: «è fatto assoluto divieto ai custodi di richiamare l'attenzione o comunque segnalare la presenza del Gabinetto segreto... possono visitare il Gabinetto Segreto le persone adulte di ambo i sessi qualificantisi come studiosi e comunque le persone adulte di serio aspetto. Si raccomanda di usare una certa liberalità nell'accordare il permesso agli stranieri che lo richiedano con insistenza. È invece vietata la visita alle persone giovani specie se di sesso femminile».

I tempi erano però ormai cambiati. Dopo aver riallestito e riaperto una prima volta il Gabinetto nel 1967, premuto sul fronte di Pompei dalle richieste delle organizzazioni turistiche, il nuovo Soprintendente de Franciscis, in considerazione sia del fatto che la mancata visita dei «famosi affreschi della casa dei Vettii e del cosiddetto Lupanare» era oggettivo «motivo di doglianza dei visitatori», sia «dei costumi e dei tempi che vanno cambiando», propose al Ministero di liberalizzare definitivamente la visita sia di quei monumenti pompeiani sia del Gabinetto Segreto di Napoli. Si giunse nel 1971 così all'autorizzazione del Ministero, colla sola limitazione per i minori di diciotto anni, confortata da un parere favorevole del Consiglio Superiore di Antichità e Belle Arti del Ministero della Pubblica Istruzione (M. Pallottino, L. Bernabò Brea, G. Becatti. G. Carettoni, F. Maetzke) a condizione che «il loro particolare carattere debba essere comunque preventivamente segnalato ai visitatori con appositi cartelli indicativi ed imponendo, eventualmente, limitazioni per i minori. D'altra parte la Sezione esprime perplessità circa la ventilata soluzione di scioglimento e dispersione dei cosiddetti «Gabinetti riservati» come quello del Museo di Napoli, tenuto conto che essi rappresentano come tali un aspetto della storia della cultura museografica non del tutto privo di interesse e forse anch'essa rilevabile in eventuali cartelli indicatori». Ma fu una riapertura di breve durata perché il Gabinetto dovette essere di nuovo richiuso poco dopo, per permettere i lavori di restauro dell'ala del Museo che l'ospitava.

Terminati, dopo lungo tempo, quei lavori, e venuto il momento di riaprire le sale, non ci si può esimere dall'interrogarsi sul significato che può avere oggi una tale collezione.

Ovviamente, nell'epoca della conclamata piena libertà sessuale e dei Musei erotici aperti in varie città d'Europa, non ha più alcun senso una collezione "proibita". Resta invece valido il suo significato di raccolta di documenti storici sulla sessualità antica. Pur essendo spesso mancato un vero tentativo di approfondire, storicamente e antropologicamente, lo studio dei materiali in essa raccolti, la comune provenienza dalle città vesuviane della maggior parte degli oggetti ed il carattere testimoniale assolutamente unico di Pompei fanno del Gabinetto una sorta di sezione museale sui comportamenti sessuali nel mondo romano. In quanto tale esso ha, se visto – come deve essere – insieme al restante *corpus* vesuviano relativo alla vita quotidiana conservato nel Museo o visibile nei siti archeologici, ancora una rilevanza notevolissima. Ne fanno fede gli studi che, sempre più numerosi, vengono dedicati al tema della sessualità antica utilizzando tale documentazione, ad illustrare – i migliori – come, al di là del perdurare dei gesti, e forse in parte delle emozioni, enorme sia il divario di mentalità che separa gli uomini della Pompei del 79 d. C. da noi Europei cristiani del XXI secolo, per non dire delle altre culture del pianeta. Lo stesso valore documentario insito nell'origine vesuviana costituisce peraltro anche il limite della raccolta. Un'esposizione intesa ad illustrare compiutamente il tema della sessualità antica, dovrebbe infatti, data la grandissima relatività che oggi si riconosce al concetto di costume sessuale, prendere in considerazione molti più documenti di quelli qui presentati.

Il secondo, ma non meno notevole, interesse della raccolta, sta nel suo valore storico-museografico, nella sua altalenante e ambigua vicenda di museo e non-museo, con una serie di materiali volutamente

raccolti intorno a un tema, ma sottratti alla vista del pubblico comune, e per ciò stesso resi famosi e oggetto di più o meno colta curiosità. Questa vicenda, che abbiamo sopra sommariamente illustrato, è un capitolo non secondario della storia della museologia e della più generale storia del costume moderno. Ed è soprattutto in questo senso che si vuole oggi riproporre alla visita del pubblico il Gabinetto Segreto, organizzato di massima ancora secondo la selezione di Fiorelli, con il solo aggiornamento dell'esposizione dei materiali vesuviani con un contestualizzazione per ambiti di appartenenza (la pittura mitologica, la decorazione del giardino, la pittura dei lupanari, gli amuleti).

Piatto attico a figure rosse

La collezione napoletana è, rispetto ad altre, particolarmente povera di vasi greci con scene erotiche, e, considerando quanti vasi di questo genere sono passati sul mercato antiquario di Napoli prima di finire nelle raccolte di altri Musei europei e americani, questa circostanza si deve senz'altro attribuire ad una scelta consapevole dei responsabili del Museo, preoccupati, per gran parte dell'Ottocento, di segregare nel Gabinetto riservato il materiale pompeiano più che di incrementare con vasi quella imbarazzante collezione.
Prodotti in gran parte per il banchetto (oltre che per la tomba), i vasi greci sono, com'è noto, proprio per questo motivo decorati spesso da scene erotiche. I simposi erano infatti sovente rallegrati dalla presenza di etere e flautiste[34], e la musica, i canti e i versi erotici – si pensi ad Anacreonte – ben si accompagnavano all'eccitazione prodotta dal vino. Già la più antica iscrizione poetica greca pervenutaci, i versi graffiti sulla cosiddetta «coppa di Nestore» (una *coppa rodia* databile verso il 725-720 a.C., dalla necropoli ischitana di San Montano, al Museo di Lacco Ameno) alludono al potere afrodisiaco del vino contenuto nella coppa, opposto alle più banali virtù tonificanti della vera coppa omerica di Nestore: «Celebre è la coppa di Nestore da cui era bello bere; chi beva invece da questa coppa, subito sarà preso dal desiderio di Afrodite dalla bella corona».

L'amore fisico era perciò spesso raffigurato sui vasi, dapprima nella finzione mitologica dei Satiri itifallici che assaltano le Menadi (la loro esuberanza proverbiale darà nome già in antico alla patologia della satiriasi), poi nella riproduzione del mondo reale degli amori, eterosessuali ed omosessuali, del simposio e della palestra.
Nella raccolta napoletana il mondo degli amori ferini del tiaso dionisiaco si ritrova in una **coppa schifoide attica a figure rosse** della fine del VI secolo a.C. (inv. 27669, h. 9,5[35]; diam. orlo 17; Fiorelli 1), trovata ad Anzi in Basilicata, e attribuita al ceramografo attico *Epiktetos*, che rappresenta su di un lato l'approccio di un Satiro ginocchioni ad una Menade nuda, mentre sull'altro una Menade sdraiata per terra contro un'anfora offre il vino di una coppa ed il suo amore ad un asino itifallico che le si fa incontro.
Dietro le iconografie della ceramica stava la pittura su tavola, anche se il primo pittore ad essere ricordato come attivo nel genere erotico è solo il grande *Parrasio di Efeso* (fine del V secolo a.C.), che avrebbe praticato[36] il genere delle di *libidines* per pigrizia, per risparmiarsi la fatica di dipingere dei grandi quadri.
Svetonio narra nella vita di Tiberio[37] che l'imperatore aveva nella sua camera da letto a Capri un quadro del maestro con Atalanta e Meleagro intenti in un rapporto orale. Per la stessa epoca Euripide[38] accenna

Coppa schifoide attica a figure rosse, da Anzi, inv. 27669

Cratere campano a figure rosse, inv. 82570

Anfora a figure nere, da Capua, inv. 27670

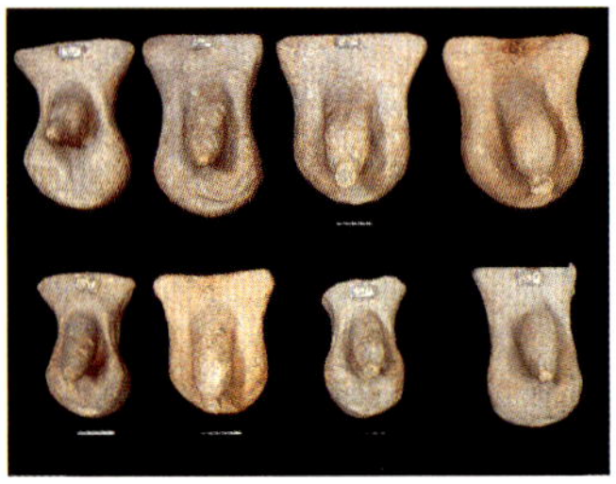

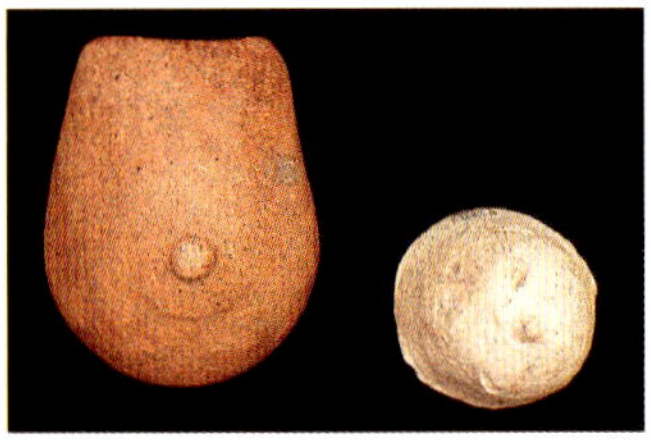

Ex-voto anatomici: falli, uteri e seni in terracotta

Cippo sepolcrale in forma di fallo con iscrizione etrusca

Satiro itifallico in bronzo, inv. 27682, già collezione Borgia

a quadri licenziosi posti in grotte dove si sarebbero svolte orge sfrenate. Per il IV secolo a.C. Ateneo ricorda il grande *Aristide di Tebe*, *Pausia di Sicione* ed il suo allievo *Nicofane* come autori di pitture «pornografiche». È probabilmente questo il momento in cui, interrompendo la tradizione iconografica testimoniataci dalla ceramica attica in cui solo le *pornai* o le *hetairai* erano rappresentate nelle immagini di sesso, scene di amore esplicite furono introdotte anche nei temi mitici che questi grandi pittori trattavano. Le scene della ceramica attica ci hanno trasmesso invece (e probabilmente ne dipendono) immagini di sapore più popolare con le diverse posizioni (gli «*schemi di Afrodite*», gli *Aphrodites tropoi*).

Un esempio di queste immagini ci è offerto, poco prima della metà del V secolo a.C., da un **piatto attico a figure rosse** (s.n. inv., h. 9,5; diam. orlo 23,5) il cui tondo interno presenta un uomo barbato, nudo che penetra da dietro una giovane donna nuda piegata in avanti, la testa poggiata contro un cuscino a righe; alle spalle della coppia è il bastone dell'uomo col mantello avvolto intorno ad esso. I Greci indicavano questa posizione col verbo *kyptein* e la consideravano tipica delle prostitute[39]. Molto rappresentata nella ceramica a figure nere, essa è ancora piuttosto frequente nei vasi di questo periodo, come mostra ad esempio una famosa coppa di *Douris* al Museum of Fine Arts di Boston[40]. Queste immagini dipendono probabilmente da quelle tavolette dipinte in uso presso i giovani Ateniesi cui accennano Aristofane e i comici[41] e che facevano da *pendant* ai libri osceni, veri manuali di sesso, opera di etere famose come Astianassa, Cirene, Filenide ed altre[42]. Aristotele[43] proponeva una differenza tra queste immagini francamente pornografiche, da vietarsi alla vista dei giovani, e le pitture con immagini nude e lascive di divinità, permesse invece dalla legge; Aristide deplora invece anche queste ultime, pur se collocate nei templi[44].

Nella ceramica attica a figure rosse lo scenario di questo erotismo continua ad essere il *banchetto* (**cratere** inv. 82545; diam. orlo 35), come mostrano le frequenti rappresentazioni di simposiasti con etere, spesso impegnati in vere e proprie orge con numerosi partecipanti. E dalla ceramica attica il tema passerà a quella italiota, come mostra un **cratere a figure rosse campano** (inv. 82570; diam. orlo 40) in cui un'etera mostra civettuola le proprie grazie nel celebre atteggiamento dell'Afrodite callipigia.

Abbandonati gli scrupoli religiosi dell'età classica, l'età ellenistica vide, in parallelo con l'affermarsi del «romanzo d'amore» sentimentale, con personaggi e situazioni descritti con toni casti, l'esplosione prepotente della letteratura erotica. Diogene Laerzio testimonia come furono soprattutto i filosofi stoici, Crisippo, Sfereo, Cleante, Aristone, Antistene, Eraclide, Demetrio Falereo, Teofrasto e Stratone, a scrivere lettere, dialoghi, trattati sull'amore, sull'arte di amare e sui suoi esercizi; una letteratura che passò interamente al mondo romano come ricorda Orazio[45], quando accenna ai *libelli stoici* che le dame nascondevano tra i cuscini di seta. E agli stoici fecero seria concorrenza i nuovi manuali delle cortigiane, come quello della celebre Elefantide ben noto a Tiberio. In connessione con questo gusto dovette dilatarsi anche il genere della pittura pornografica e fu in questo periodo, a giudicare dallo stile delle composizioni pompeiane, che si produssero quei repertori delle diverse posizioni erotiche (*figurae Veneris*) destinati a durare fino all'età romana.

Ad introdurre il tema delle raffigurazioni sessuali etrusche nell'ambito religioso potrebbe ben valere il racconto della *nascita di Mastarna*, il popolare eroe identificato col sesto re di Roma, Servio Tullio. La leggenda riferisce che una principessa latina catturata nella presa di *Corniculum*, Ocrisia, aveva visto apparire un fallo sul focolare del palazzo reale di Tarquinio Prisco dove viveva in schiavitù; quando ebbe raccontato il prodigio al re, questi, consigliatosi con la moglie Tanaquilla e con altri esperti in divinazione, ne trasse la decisione di far vestire Ocrisia da sposa e lasciarla sola accanto al focolare; così fu fatto e durante la notte, in un modo restato misterioso, la donna restò incinta

e concepì Servio Tullio. Come queste leggende di nascite eccezionali per i suoi eroi il *mondo etrusco arcaico* sembra aver derivato da quello greco anche le sue rare iconografie erotiche. Se da un lato restano così singolari e discusse nel loro significato (valore apotropaico?) le immagini di accoppiamento etero- ed omosessuale della tomba dei Tori di Tarquinia, altrettanto rare sono le analoghe rappresentazioni sulla ceramica. Merita perciò di essere segnalata un'**anfora a figure nere** della produzione sviluppatasi a Capua, già facente parte della collezione costituita a Palazzo Reale da Carolina Murat (inv. 27670, h. 24; Fiorelli 2), che reca su un lato l'immagine di un uomo che sodomizza un efebo intento a giocare al cerchio; e sull'altro una scena di inseguimento, con una figura armata di maglio che fugge reggendo in mano un vaso, inseguita da un'altra dotata di un grosso fallo, armata di bipenne e scure. Come nel caso tarquiniese, l'erotismo sembra strettamente legato all'ambito funerario, anche se, data la rarità delle attestazioni e delle fonti scritte, non è facile definirne il senso. Un esempio tipico di utilizzazione del simbolo fallico in ambito funerario ricorre in alcune aree etrusche e italiche con un tipo di **cippi sepolcrali** riproducenti in forme più o meno realistiche il membro virile come segnacolo delle tombe maschili. Su di un esemplare (inv. s.n.; h. 58) acquisito dal Museo nell'Ottocento la presenza, nel testo dell'iscrizione etrusca iscrittavi, di un gentilizio tipico della zona ne indica la provenienza dal territorio perugino.
Ancora all'artigianato etrusco appartiene uno **specchio in bronzo** inciso (p. 84), giunto al Museo con la collezione costituita nella seconda metà del '700 dal cardinale Stefano Borgia ed acquistata da Ferdinando IV di Borbone tra il 1815 ed il 1817. Databile al IV secolo a.C., lo specchio in questione (inv. 27672; diam. 16; Fiorelli 4) raffigura una scena di *coitus a tergo* di un giovane armato di flagello con una fanciulla che cerca di divincolarsi. Il pezzo apparteneva probabilmente alla raccolta di antichità romane ed etrusche che il cardinale aveva ereditato e che accrescerà poi di oggetti esotici, soprattutto egiziani, nella sua funzione di Segretario e poi Prefetto della Congregazione di Propaganda Fide.
Di provenienza ignota (era nelle raccolte di Capodimonte) è invece un **bronzetto con un Satiro itifallico** della fine V secolo a.C. (inv. 27682; 6,5 x 4; Fiorelli 14) sdraiato per terra, col corno potorio in mano e la bocca socchiusa nell'ebbrezza.
Appartengono invece alla sfera della religiosità popolare delle *comunità centro italiche* sottoposte all'influenza etrusco-laziale nel periodo compreso tra IV e II secolo a.C. i c.d. **ex voto anatomici**, terrecotte modellate a stampo riproducenti parti del corpo umano che i fedeli di condizione umile deponevano nei santuari delle divinità salutari quale augurio o ringraziamento per la guarigione. Nel caso degli organi sessuali è evidentemente implicata la sfera della riproduzione. La scoperta di una grande stipe votiva a *Cales* nel 1862 (ma molti altri sono i depositi analoghi noti in numerosi centri della penisola) portò all'immissione nella collezione pornografica di ben ventiquattro *falli* (inv. 27768-27791; Fiorelli 100-123). Dato il carattere religioso di questi oggetti, si è ritenuto di integrare, per maggior chiarezza, questa parte dell'esposizione con l'aggiunta di *seni* (inv. 21628-9, 21665) ed *uteri* plastici (inv. 21642, 21656-7, 21660), originariamente non presenti nella collezione.
E a proposito di *Cales*, vale la pena di ricordare, a titolo di curiosità, che il nostro aggettivo «osceno» deriva dal termine latino *obscus/oscus*, il nome con cui i Romani designavano appunto gli Osci, il popolo di lingua sabellica che viveva nella Campania preromana e che aveva presso i Romani fama di licenziosità per la sua tradizione di spettacoli teatrali popolari come le «Atellane» in cui dovevano abbondare lazzi volgari basati su battute, doppi sensi e giochi di parole di carattere sessuale. È peraltro probabile che questa tradizione avesse qualche legame con quella, di origine greca, della *farsa fliacica*, diffusa in tutta la Magna Grecia, del cui carattere licenzioso ci restano a testimonianza molti famosi vasi con gli attori mascherati e vestiti di grotteschi costumi con grandi falli posticci (**cratere a campana** inv. 81926, h. 31,4).

Etera con dildo. Da Boardman, "Red figured Vases", fig. 7.1

Vaso fliacico, inv. 81926

Nascita di Venere, inv. 27704

Il materiale certamente più coerente della raccolta napoletana è quello proveniente dagli scavi delle città vesuviane. Purtroppo i materiali degli scavi più antichi sono in gran parte decontestualizzati, sicché solo raramente è dato di poter ricomporre degli insiemi che permettano di tentare delle interpretazioni coerenti come è possibile per i complessi lasciati *in situ* a partire dalla seconda metà dell'Ottocento, dal lupanare del vicolo Storto, ai *venerea* delle case private, fino, da ultimo, al complesso delle pitture delle Terme Suburbane fuori Porta Marina.

Il gruppo di oggetti più numeroso è costituito dalle *pitture*. L'età romana vide la naturale continuazione della tradizione della pittura greca, di cui si è poco fa parlato; il pittore *Arellius*, che visse al tempo di Augusto, dipinse pitture mitologiche in cui le eroine avevano il volto delle sue amanti mentre Ovidio[46] dichiara che lo stesso fondatore dell'impero avrebbe posseduto nei suoi appartamenti una «*parva tabella*» con «vari accoppiamenti e posizioni di Venere» (*concubitus varios Venerisque figuras*).

L'esempio di Augusto, e poi come abbiamo visto, di Tiberio, fu seguito in tutte le città dell'Impero da milioni di cittadini che, meno ricchi del *princeps*, sostituirono gli originali greci con copie su tavola (ce ne dà un esempio il bel *pinax* con scena erotica inciso sul **cammeo** già Farnese, – inv. 25847, conservato nella collezione), soprattutto, con le loro copie dipinte ad affresco sui muri da più o meno abili artigiani. Questa moda, sviluppatasi con quel cambiamento di gusto che va sotto il nome di III stile pompeiano, conobbe un successo travolgente in tutto il mondo romano e ve n'è una testimonianza *a contrario* in un verso di Properzio[47] che rievoca i tempi casti in cui «le pareti non erano dipinte con nessun peccato» (*tum paries nullo crimine pictus erat*). Il *pendant* letterario di questo fenomeno artistico sono i celebri poemetti ovidiani che si industriarono a dipingere con parole ai Romani i «*mille ioci Veneris*»[48].

Un primo gruppo di pitture erotiche vedeva come protagonisti dei *symplegmata* dei, eroi ed altri esseri del mondo del mito. Inserite come quadri da cavalletto negli schemi di III e IV stile come il dipinto di Parrasio appartenuto a Tiberio, queste composizioni risalgono certamente ad un preciso filone della tradizione della pittura erotica greca ed ellenistica.

Il posto d'onore tra le divinità spettava in quest'ambito a Venere, la dea dell'amore. Le pitture di Pompei ripeterono spesso schemi della dea nuda derivati in età ellenistica dal tipo della *Afrodite Cnidia di Prassitele*. Si tratta in verità per lo più di figure prive di qualsiasi carattere specificamente sessuale, e solo l'esagerato moralismo borbonico fece sì che per la loro nudità fossero immesse nella collezione al pari di altre Veneri antiche e moderne.

Numerosi anche i quadretti che raffigurano gli amori della dea con Marte: l'attrazione delle due divinità della guerra e della bellezza era fatale e aveva dato origine ad un famoso episodio di adulterio – la dea era sposata con il geniale, ma sgraziato Efesto – descritto già da Omero[49]. La pittura pompeiana rappresenta spesso la coppia divina abbracciata: valga per tutti la coppia di **quadri** (inv. 9250; 101 x 105; inv. 9256) dalla **Casa di Meleagro** (VI, 9, 2.13) o il **gemello** (inv. 9248) **della casa di Marte e Venere** (VII, 9, 47). Un **altro** (inv. 112282) **dalla casa del Citarista** (I, 4, 5) raffigura l'antefatto dell'episodio dell'Odissea, con la coppia di amanti teneramente abbracciati, il servo *Alektryon* addormentato (sarà poi condannato a tramutarsi in gallo) ed *Helios*, il dio del sole, che li spia e che correrà poi a riferire ad Efesto della tresca.

Cammeo raffigurante un pinax con scena erotica, inv. 25847

Marte e Venere, da Pompei, casa del Citarista, inv. 112282

Meno frequente è il motivo del dio che, più o meno furtivamente, accarezza il seno della dea; Ares è allora per lo più rappresentato in piedi dietro la dea seduta in trono e le insinua la mano nel petto (così nel bel **quadro dalla Casa dell'Amor Punito** VIII, 2, 23, inv. 9249 e nell'altro, tuttora in sito nel tablino della casa di Marco Lucrezio Frontone); un bellissimo **quadretto** (inv. 110590; 45 x 45) **dalla Casa di Cecilio Giocondo a Pompei** (V, 1, 26) vede, impegnati nella stessa carezza, più apertamente esibita, un giovane Satiro ed una Menade dal corpo esuberante e dai preziosi gioielli.
È esposta nella sezione dedicata alla decorazione del giardino una **Venere in conchiglia** (inv. s.n.; 149 x 88; Fiorelli 36) che ripete l'iconografia – celebre è la replica nel giardino della casa pompeiana detta appunto della Venere in conchiglia – della dea che veleggia tra le onde col suo manto teso al vento distesa nella grande conchiglia di pettine ed accompagnata dai delfini e da un Erote. Moltiplicava leziosamente l'iconografia dell'Afrodite nuda il tema, ripetutissimo nell'arte antica, e poi moderna, delle *tre Grazie* (inv. 9236, 57 x 53, dalla casa di Pompei, IX, 2, 16), le dee (*Charites* in greco), figlie di Zeus ed accompagnatrici di Apollo che simboleggiavano nell'immaginario antico la bellezza, la grazia, la saggezza.
Il dio più celebre per i suoi amori era tuttavia senza dubbio Giove, il padre degli dei che, per congiungersi alle molte fanciulle da lui concupite, escogitò ogni sorta di travestimenti, da marito legittimo con Alcmena, da pioggia d'oro con Danae, da toro per Europa. In un quadro proveniente da Ercolano (inv. 27695; 63 x 63), il dio è, secondo un celebre mito, rappresentato in figura di **cigno in atto di congiungersi con Leda**, il cui carattere di eroina è sottolineato dal nimbo di luce chiara che le circonda il capo avvolto nella reticella d'oro di moda in età flavia. La fanciulla, moglie di Tindaro, re di Sparta, denudatasi del mantello e discesa dal letto alle sue spalle, abbraccia per il collo il candido uccello e lo bacia teneramente sul becco, mentre con l'altra mano accosta il ventre piumato al suo grembo. Dal connubio sarà generato l'uovo che darà vita ad Elena e a Polluce.
Il sesso si collocava a mezza strada tra la sfera di Afrodite e quella di Dioniso ed al mondo delle due divinità appartiene uno dei più assidui protagonisti delle storie di questi quadri mitologici, **Ermafrodito** (inv. 9224, da Ercolano, 94 x 62), il dio frigio dotato di un bel corpo femmineo e al tempo stesso del membro virile. Il dio è raffigurato in posa statuaria in tutta la sua ambiguità in un quadretto in cui, col flabello a foglia in mano e l'altra mano levata sulla spalla a togliersi il velo, ripete il gesto tipico dell'Afrodite genitrice, l'antenata della stirpe di Cesare; ed in voluta opposizione a così alta citazione il mantello caduto sulla gamba lascia scorgere il sesso maschile che lo identifica.
In un altro **quadro** (inv. 27875, 50x50) staccato **dalla casa pompeiana di Epidio Sabino** (IX, 1, 22), seduto su una panca marmorea davanti ad un sacello collocato in un bel paesaggio campestre, il fanciullo resiste, strappandogli la barba, – e intanto svela, denudandosi il corpo del mantello rosato, il suo prepotente carattere mascolino – ad un vecchio Satiro che, attratto dall'aspetto femminile, l'aveva afferrato di sorpresa alle spalle. Ancora stringendogli un braccio, il vecchio leva l'altra mano in un gesto di sorpresa, così come è attonita, sulla sinistra, la giovane Baccante che tiene nelle mani gli attributi dionisiaci, il *kantharos* d'argento, il tirso e il tamburello.
Sembra quasi raffigurare la seconda parte della stessa storia il quadro con il **Satiro che tenta di congiungersi ad Ermafrodito** (inv. 110878, 51 x 56). L'affresco, proveniente da Pompei, derivava da un celebre originale scultoreo ellenistico (forse di Cefisodoto il giovane) che ci è noto da molte repliche, anche in mosaico; di recente se ne è trovata una bella replica marmorea sul bordo della *natatio* della villa di Poppea ad *Oplontis* (Torre Annunziata, Napoli) dov'era collocata come sulle sponde di un laghetto. Nella prospettiva bidimensionale dell'affresco l'effetto è affidato tutto al contrasto cromatico dei corpi, bruno e nerboruto quello del Satiro, bianco e morbido quello dell'Ermafrodito. Anche qui il sapore dionisiaco della scena è dato dal tirso e dal cembalo del Satiro abbandonati per terra. Lo stesso tema **del Satiro che cerca di piegare alle sue voglie un riluttante Ermafrodito** (gli Accademici Ercolanesi vollero vedervi una ninfa), torna in uno schema del tutto diverso, vicino a quello di Pan e Olimpo, col Satiro seduto, in una pittura, purtroppo mal conservata, da Ercolano (inv. 27701, 36 x 39; Fiorelli 33).
Nello stesso equivoco del Satiro è caduto anche **Pan** in un quadro (inv. 27700, 91 x 143; Fiorelli 32) già collocato nell'atrio dell'aristocratica casa pompeiana detta dei Dioscuri (VI, 9, 6.7). Convinto dall'aspetto del

volto, dal candore delle morbide membra, e dalla stessa acconciatura femminile, il dio mezzo capra e mezzo Satiro, Pan, protettore delle selve e delle greggi, aveva sollevato il manto azzurrino che copriva il fanciullo addormentatosi nel bosco tra un sacello ed un'erma itifallica. Ma, a differenza del Satiro, Pan non gradisce la rivelazione del sesso maschile e fugge via disgustato, esprimendo la sua ripulsa con un eloquente gesto della mano aperta, invano richiamato da Ermafrodito.
Ma in genere in queste pitture i Satiri sono più fortunati e nei loro agguati campestri sorprendono Ninfe assorte nel sonno o Menadi ben disposte; si tratta del tema letterario del Satiro *nympharum insidiatorem*, che torna in vari poeti latini a cominciare dai *Carmina* di Orazio. In un **affresco da Ercolano** (inv. 27699; 39 x 35; Fiorelli 31) un giovane Satiro, deposti il *pedum* e la siringa, ha appena destato una Menade che dormiva nel bosco col tirso abbandonato accanto, e già la fanciulla gli abbraccia il capo e lo attira a sé per baciarlo. Ha appena scoperto il candido corpo di una Menade addormentata sotto una roccia accanto al suo tamburello anche il robusto **Pan** itifallico di una pittura da Pompei (inv. 27703, 37 x 34, Fiorelli 35) che esprime con la mano aperta, ma ancor più con lo sguardo intento, l'ammirazione per la bellezza del corpo femminile che gli si è svelata. Il quadro ha un perfetto gemello in un **altro** (inv. 27691) proveniente anch'esso da Pompei.
L'ipotesi che anche alle spalle di questi quadri mitologici vi sia una consolidata tradizione di arte ellenistica trova ulteriore conferma nel frequente ripetersi della scena del **Satiro che sorprende una Menade**. In questa serie, ancor più delle assonanze sono interessanti le differenze per comprendere come i copisti romani variassero i loro modelli. Il primo quadretto, (inv. 27693, 40 x 48; Fiorelli 25) mostra un Satiro che, in piedi, ha afferrato alle spalle, chinandosi leggermente, una Menade che col tirso in mano era in procinto di adorare una statuetta di Dioniso posata su una roccia. Il **secondo** (inv. 27705, 44 x 37, Fiorelli 37) è ambientato in un paesaggio più articolato, ma l'assenza della statuetta di Dioniso ha privato la fanciulla della ragione del suo stare china; sicché scompare anche il tirso ed essa da Menade diventa una

Marte e Venere, da Pompei, Casa di Marte e Venere, inv. 9248

Marte e Venere, da Pompei, Casa dell'Amor punito, inv. 9249

Marte e Venere, da Pompei, Casa di Meleagro, inv. 9256

Marte e Venere, da Pompei, Casa di Meleagro, inv. 9250

Vignetta con Marte e Venere danzanti e due Eroti, inv. 9251

Scena di abbraccio di Satiro e Menade, da Pompei, Casa di Cecilio Giocondo, inv. 110590

Ninfa; resta la posizione del corpo, ma la mano protesa in avanti regge, invece del tirso, la veste che depone per terra accanto al cappello conico da viaggio. La scena muta così di significato: non è raffigurato più l'agguato, ma un approccio consensuale, la mano del Satiro invece che abbrancarla alla vita, la prende per un seno e la fanciulla non si divincola dal suo aggressore, ma gli posa confidenzialmente una mano sulla coscia; i volti sono più vicini, e si scambiano sguardi di intesa. Del modello ellenistico, forse una pittura dato il permanere del punto di vista, resta solo lo schema generale; per il resto, mutando pochi attributi, è cambiato il senso generale della scena. Alla luce di questo esempio non ci meraviglieremo perciò troppo che lo schema del **Satiro che sorprende una ninfa** nel sonno sia adoperato per una vignetta secondaria di una parete a fondo rosso (inv. 27683; 56 x 56; Fiorelli 17), senza l'inquadratura del quadro; il paesaggio è quello roccioso in cui si muovono Ninfe e Menadi, ma la fascia pettorale che indossa la fanciulla, – lo *strophion* delle donne reali laddove le mitiche fanciulle dei boschi non portano mai di questi indumenti – denuncia la contaminazione del filone dell'erotismo realistico. E del resto lo schema della figura femminile addormentata è lo stesso che fu usato per tutta la numerosa serie dell'Arianna abbandonata da Dioniso nell'isola di Nasso. Un altro caso di contaminazione tra il genere mitologico e quello realistico appare nel **quadretto** (MNN 27688; 36 x 47; Fiorelli 20), dal tipico stile a macchia, in cui il personaggio maschile itifallico approccia la compagna seduta per terra accostandosi ginocchioni nella posizione tipica dei Satiri quando sorprendono le Menadi.

Se, restando ancora sul tema del Satiro/Pan con Ninfa/Menade, ci spostiamo dalla pittura al mosaico, troviamo un vero piccolo capolavoro di pura arte ellenistica nel bellissimo **quadretto in opus vermiculatum dalla casa del Fauno** di Pompei (VI, 12, 2-5). Tra i tanti capolavori che facevano di questa dimora un vero museo di mosaici ellenistici, culminanti nel mosaico di Alessandro, era anche quello, esposto nella sezione dei Mosaici e della casa del Fauno, (inv. 27707; 37 x 39; Fiorelli 39) con un *giovane Satiro* che, seduto per terra dove ha deposto il *pedum* e la nebride, attira su di sé una Ninfa nuda; l'ambientazione rupestre molto semplice, i delicati passaggi di toni cromatici usati per rendere il volume dei corpi non lasciano dubbi che alle spalle di questa composizione, che si data alla fine del II secolo a.C., ci sia stata una pittura di età ellenistica di forse circa un secolo più antica. Solo di recente è stato riconosciuto[50] come un falso settecentesco l'altro **mosaico detto di Pan e la ninfa Pytis** (inv. 27708; 25 x 27; Fiorelli 40), già facente parte della collezione napoletana del duca Carafa di Noja (1715-1768). L'autore del falso, probabilmente uno dei mosaicisti romani che lavorava ai restauri in Vaticano e che produssero in questo periodo molte di queste opere ispirate all'antico, ha

Ermafrodito, da Ercolano, inv. 9224

Vecchio satiro ed Ermafrodito, da Pompei, casa di Epidio Sabino, inv. 27875

Satiro ed Ermafrodito riluttante, da Ercolano, inv. 27701

Satiro che tenta di congiungersi ad Ermafrodito, da Pompei, inv. 1108778

riprodotto, con qualche svista e con qualche semplificazione, un'incisione (ora al British Museum) di un allievo di Marcantonio Raimondi, Giulio Bonasone (1510-1574), eseguita per una delle *Symbolae* di Achille Bocchi (1574), versione latina dei *Mythographi Graeci*. Il tema rappresentato è in realtà l'amore di Borea (eliminato dal mosaicista) e Pan per la ninfa *Pytis* che, all'approssimarsi del dio itifallico, si trasforma nel pino, alla quale darà nome; la metamorfosi si compie così sotto gli occhi di Pan e i nostri: i piedi della fanciulla sono già diventati radici e le mani e le dita rami e foglie. Invano Lucrezio aveva denunciato come falsa la credenza di una natura animata da queste creature, come di una fola di contadini ignoranti: «i vicini s'immaginano che satiri dai piedi di capri e ninfe abitino questi luoghi, e dicono che vi siano Fauni» (*Haec loca capripedes satyros nymphasque tenere / finitimi fingunt, et faunos esse loquuntur*)[51]; essa restava ben viva nelle credenze popolari e, come ci insegna l'antropologia, non del solo mondo classico.
Il tema della metamorfosi legata al contesto erotico appare essere stato di gran moda durante l'ultima fase di vita delle città vesuviane, epoca alla quale risalgono la maggior parte degli affreschi pervenutici. Ne aveva largamente trattato, all'inizio del I secolo d. C., il poeta Ovidio in un poemetto, le *Metamorfosi*, che godé di vasta celebrità anche per la sensualità del linguaggio di cui era maestro il poeta degli *Amores*. Un'eco di questo gusto appare nel **quadretto con Apollo e Dafne** (inv. 9536; 43 x 37) dalla casa di Marco Lucrezio (IX, 3, 5) a Pompei. In un paesaggio agreste il dio, col fallo eretto in preda all'eccitazione, ha sorpreso e già afferrato la ninfa che è caduta in ginocchio e tuttavia gli resiste e leva una mano in gesto di spavento. L'identità della fanciulla, figlia del dio fluviale Peneo, è dichiarata dal ramo di alloro che già spunta da lei ed in cui, per volere degli dei pietosi, presto si trasformerà.
La serie delle immagini ispirate agli dei potrebbe chiudersi con il bel quadretto degli **amori di Polifemo e Galatea** (inv. 27687), dalla casa dei capitelli Colorati (VII, 4, 48) in cui per una volta, invece di fuggire dal povero Ciclope, come nei tradizionali paesaggi mitologici, la bella Nereide s'abbandona languidamente al bacio di Polifemo, identificabile per l'ariete, la siringa e il nodoso bastone da pastore. Restando nel campo mitologico, i *pigmei* furono, a partire dall'età ellenistica, i protagonisti di un

Pan e Ermafrodito, da Pompei, Casa dei Dioscuri, inv. 27700

Satiro e ninfa, da Pompei, inv. 27705

Satiro e menade, da Ercolano, inv. 27699

Pan e ninfa, da Pompei, inv. 27691

importante filone figurativo dell'arte antica. Questi favolosi abitanti dell'Africa, e per essa della valle del Nilo (era certamente lì che i Greci li avevano incontrati, tra gli schiavi degli Egiziani), erano l'opposto del tipo ideale della figura umana classica per le loro proporzioni minute e la bassa statura. Il gusto per il deforme che attraversò l'arte ellenistica e che si espresse nella predilezione di tipi ripugnanti come la vecchia ubriaca, ne esagerò a fini umoristici l'aspetto grottesco rappresentandoli macro- ed itifallici e spesso dediti, oltre che alla caccia alle belve del Nilo, ad attività sessuali all'area aperta. Una **pittura pompeiana**, (inv. 113196, h. 56; largh. 217) proveniente **dal peristilio della casa detta del Medico** (VIII, 5, 24) ci ricorda come in età romana il tema fu tra i preferiti per la decorazione dei letti tricliniari collocati in questi spazi aperti destinati al riposo e ai piaceri. La scena principale è inquadrata da altre secondarie che descrivono il mondo del Nilo: a sinistra in alto è dipinta una barca a testa di asino al di sotto della quale è un ippopotamo che divora un pigmeo che un compagno tenta di estrarre dalle fauci della belva mentre un altro, a cavalcioni dell'animale, lo colpisce inutilmente con la sua minuscola spada. Dal lato opposto del pannello, per contrasto, è la scena serena di una capanna con accanto un albero, gruppi di pigmei ed un ibis. Al centro di questa composizione è collocata la scena erotica: i commensali di un banchetto, sdraiati intorno ad una mensa semicircolare posta all'ombra di una tenda tesa tra i rami di due alberi, assistono ad un vero e proprio spettacolo che vede protagonisti, al suono di un flauto, un pigmeo nudo sdraiato per terra sul cui pene si siede, facendosene penetrare, la compagna, anch'essa nuda e coronata di fiori. La scena dello «spettacolo sessuale» a suon di musica sotto la tenda torna, con qualche variante di ambientazione nella decorazione del triclinio della Casa detta dell'efebo di Pompei, tuttora *in situ*.

Appartengono allo stesso genere pittorico delle decorazioni dei triclini estivi nei giardini – altri **due quadretti nilotici**. Il primo (inv. 27698, h. 25; largh. 121; Fiorelli 30) rappresenta, su un Nilo popolato di piante acquatiche, tra un coccodrillo ed un ippopotamo che digrignano le fauci minacciosi, una barchetta di papiro sulla quale, incurante delle belve,

Pan e ninfa, da Pompei, inv. 27703

Satiro e menade, da Pompei, inv. 27693

un pigmeo in ginocchio penetra da dietro una compagna dalla carnagione candida che, carponi, pratica invece la *fellatio* ad un altro pigmeo disteso supino. È sintomatico che venga attribuito agli osceni pigmei una scena di sesso con più partners; queste e ancor più complicate associazioni – come pure sono rappresentate nelle pitture delle terme suburbane di Pompei e ricordate da graffiti – erano considerate aberranti. Tra le malefatte di Tiberio a Capri vi sarebbe stata quella di godere della vista di fanciulle e fanciulli che facevano del sesso «in triplice catena»[52] mentre Marziale ricorda i versi di un poetastro, Sabello, che inventava complesse figure erotiche «a catena» sulla scorta dei libri di *Elephantis*. La scena del *secondo* quadretto (inv. 27702, h. 25; largh. 121; Fiorelli 34) è ambientata presso una sponda dello stesso fiume su cui sorge una capanna; in acqua, su una zattera governata da un pigmeo al timone, una pigmea prona rema e intanto si offre per un *coitus a tergo* ad un compagno in ginocchio alle sue spalle. La posizione è quella che gli abitanti di Delfi, secondo Plutarco, chiamavano *arma Aphrodites*, «carro di Venere», assimilando evidentemente l'uomo all'auriga.

Il favore accordato al tema dei pigmei che interpretava l'erotismo in chiave umoristica appare dalla sua diffusione anche su altri supporti, come il **mosaico in bianco e nero** trovato a Roma, sul Celio, nel maggio del 1894 (inv. 122861; h. 286; largh. 246) ed acquistato appositamente per il Gabinetto napoletano. Le quattro scene nilotiche che sono raccolte in quest'unica composizione erano collocate in giro a 360 gradi con le tre a soggetto erotico rivolte verso i letti del triclinio; quella verso l'ingresso della stanza rappresentava due pigmei armati di bastone e tridente che affrontano, di fronte e dall'alto un ippopotamo tra piante di papiri; le altre consistono ognuna in una barca, accompagnata da anatre e un coccodrillo, sulla quale sono coppie di pigmei impegnate in scene di sesso, due con i partners sdraiati e affrontati, una con un *coitus a tergo*. Ancora nell'ambito della rappresentazioni umoristiche colorite di erotismo rientra un famoso affresco pompeiano (inv. 27683; 137 x 74; Fiorelli 15), un'insegna di bottega in cui ci sembra doversi vedere la trasposizione in immagine di un tema favolistico; «il mondo che va al contrario»[53] o «la pazienza che vince la forza» potrebbero costituire infatti la morale

Pan e la ninfa Pytis, inv. 27708

Insegna di bottega con Mercurio itifallico che avanza

Leda e il cigno, da Ercolano, inv. 27695

Satiro e menade, da Pompei, inv. 27685

Apollo e Dafne, da Pompei, Casa di Marco Lucrezio Frontone, inv. 9536

Un approccio amoroso, da Pompei, inv. 27688

Satiro e ninfa, da Pompei, Casa del Fauno, inv. 27707

della **scenetta in cui un asino sta penetrando un leone** e la sua *performance* viene sottolineata dalla dea Vittoria accorsa ad incoronarlo. Al di sotto è un graffito con combattimento di gladiatori. Il gusto della caricatura salace non risparmiava del resto neppure il poema nazionale, l'Eneide, come mostra un altro quadretto pompeiano in cui son diventate grottesche figure di scimmie con enormi attributi da fliaci gli stessi padri fondatori della patria romana, **Enea, Anchise e Ascanio** (inv. 9089; 24 24).
Gli stessi temi di un erotismo «colto», ispirato alle antiche storie del mito greco tornano, inevitabilmente, in molte altre classi di oggetti dell'arredo domestico, a cominciare dalla *scultura decorativa dei giardini*. Il giardino era il luogo creato dalla cultura umana per riprodurre il mondo della natura; in esso vivono perciò, nel marmo, gli esseri dei boschi: i Satiri, le Ninfe, Pan, Dioniso, le Menadi, Priapo, che, pur nelle trasposizioni idilliche e pastorellesche dell'arte ellenistica, esprimono nel sesso la vitalità e la forza feconda della natura.
Conosciamo fin dall'età greca più antica quei pilastrini che gli antichi chiamavano *erme*, immagini simboliche di *Hermes* quale dio che pone, a beneficio degli uomini, ordine e limiti nella natura disordinata e illimitata, e si fa perciò protettore dei confini, delle strade e dei crocicchi, dei campi. Il palo e il cippo confitto per terra furono così dotati di attributi sessuali maschili per significarne il potere protettivo e fecondante e ricevettero onori divini, come, nel mondo latino, il corrispondente dio *Terminus*. Col tempo, oltre alle originarie teste di *Hermes*, si posero in cima ai pilastrini le maschere di Dioniso; ma poi anche le teste di altre divinità ed eroi, replicanti opere di scultori famosi fino a farne dei puri elementi decorativi e a svuotarli del tutto dell'originario valore sacro. Restò

sempre tuttavia caratteristico dell'erma il fallo sporgente dal fusto, ed è per questa ragione che molte sono entrate nella collezione segreta napoletana.
È un pastiche formato da due frammenti da due esemplari gemelli l'**erma in marmo pavonazzetto** (Farnese inv. s.n.; h. 142), purtroppo acefala, con pilastro rivestito di un peplo pieghettato sotto il quale si indovina il fallo eretto. A giudicare dal confronto con le immagini su vasi greci del periodo classico sull'erma doveva essere stata una testa di Dioniso; un'altra splendida **erma, col sesso virile in bronzo**, faceva da

Polifemo e Galatea, da Pompei, Casa dei Capitelli colorati, inv. 27687

Scena con pigmei, da Pompei, Casa del Medico, inv. 113196

Sostegno di tavolo con maschera di fauno, inv. 27730

Erma in pavonazzetto, dalla Collezione Farnese

Quadretti nilotici, da Pompei, inv. 27698, inv. 27702

Mosaico con pigmei, da Roma, inv. 122861

Insegna di bottega con asino, leone e la dea Vittoria

Enea, Anchise e Ascanio rappresentati in forma di scimmie, da Pompei, inv. 9089

Venere callipige, dalla Collezione Farnese, inv. 6020

sostegno di tavolo, ed aveva una maschera di Fauno in marmo grigio (inv. 27730; h. 102; Fiorelli 62).
Uno dei monumenti più famosi del museo napoletano confluito, sia pure per poco, nella raccolta segreta, fu la cosiddetta **Venere Callipige** (inv. 6020; h. 152, ora esposto nella Collezione Farnese). È lo scrittore greco Ateneo[54] che racconta la storia delle due contadinelle di Siracusa che chiamarono a giudice di bellezza delle loro grazie un giovane passante; questi assegnò la vittoria alla sorella maggiore e se ne innamorò, mentre della minore si invaghì un suo fratello. In ringraziamento dell'amore ricevuto le fanciulle fecero allora costruire un sacello per l'Afrodite «dal bel sedere» (*kallipygos*). In realtà l'Afrodite di Siracusa è probabilmente da riconoscere nel tipo statuario noto come Afrodite Landolina (Museo Regionale di Siracusa) mentre la statua farnesiana sembra risalire ad una figura di danzatrice creata dalla scuola rodio-asiatica verso la metà del I secolo a.C. su modelli attici di IV (vedi le figure sul cratere campano a figure rosse inv. 82570). Resta nondimeno il fascino sensuale di questa splendida statua, alla quale il restauro dell'Albacini del torso e della testa ha conferito quel pizzico di civetteria rococò che piacque tanto a Canova che ne eseguì una celebre replica. E se ci piace immaginarla posta in antico nella nicchia di un ninfeo o forse sul bordo di una fontana-laghetto in atto di specchiarsi nell'acqua, è certamente più maliziosa la scelta dell'età barocca di collocarla nella sala dei Filosofi di palazzo Farnese a riproporre, insieme con le Veneri marmoree accovacciate di Doedalsas e quelle dipinte moderne di van der Broek e Annibale Carracci, il tema letterario del contrasto tra il saggio e la bella, tra Aristotele e Fillide. Al posto della Callipigia il tema della dea nuda è ora illustrato dalla più modesta **Venere in bikini** da Pompei (inv. 152798; h. 62, 8), una statuetta che si distingue soprattutto per la maliziosa e accurata raffigurazione degli indumenti intimi sovradipinti in oro al marmo.
Non meno famoso è il **gruppo marmoreo di Pan e capra** (inv. 27709; h. 44,2; lungh. 47,5; Fiorelli 41). Trovato nel 1752 nella villa dei Papiri di Ercolano dov'era collocato nel giardino del grande peristilio, fu giudicato da Vanvitelli opera «lascivissima, ma bella» e dopo essere stato esaminato dal re Carlo III fu fatto rinchiudere in un armadio e affidato alla gelosissima custodia del restauratore Canart, che lo teneva nella sua stanza, sì che neanche Winckelmann riuscì a vederlo. La sua esposizione nella XVIII sala del Museo di Portici non mancò di suscitare scandalo in alcuni visitatori come l'inglese N. Brooke, che nel 1794 annotava nel suo *Voyage à Naples et en Toscane avant et pendant l'invasion des Français en Italie* (Paris 1799): «se mi fosse appartenuto, l'avrei precipitato nel vulcano le cui lave l'avevano già una volta inghiottito». Nella composizione quasi

6020

Iscrizione greca (moderna), già Farnese, inv. 4578. La decorazione riprende i motivi rappresentati sul flauto di Pan nel gruppo marmoreo con Pan e Dafni

bidimensionale, chiusa come in un parallelepipedo, la scabrosità del tema erotico è in realtà alleggerita con umorismo dal gioco di sguardi e di gesti che s'intreccia tra la languida capra ed il piccolo Pan, che non mancò di colpire anche il redattore (G.B. Finati?) dell'Inventario del Gabinetto degli Oggetti osceni (1819): «L'espressione della lussuria è dipinta egregiamente sul volto del Satiro, e la languidezza del piacere in cui è caduta la Capra per l'incominciato coito, si manifesta facilmente sugli occhi quasi semiaperti, sulle narici slargate, nella bocca socchiusa, e nella lingua che n'esce per metà [...]»; questi elementi ed il gusto da pastorelleria rococò datano il prototipo di questa piccola scultura da giardino al II secolo a.C.[55].

Gruppo marmoreo di Pan e capra, da Ercolano, Villa dei Papiri, inv. 27709

Quasi a commento di questa celebre statua potremmo porre due quadretti da Ercolano (inv. 9162 a-b), due **vignette a fondo rosso**, staccate certamente dalla stessa stanza, in cui è sottinteso il medesimo tema degli amori tra Pan e le capre – uno degli epiteti del dio era appunto «colui che va con le capre» (*aigibates*)[56]. In entrambe è dipinta, specularmente, la stessa scena di un Pan che cozza, a mo' di capro contro un vero capro. Tenendosi le braccia dietro la schiena e saltando contro il suo avversario, il dio rinuncia alla sua parte umana per farsi totalmente caprone e lottare per il possesso della femmina, che potrebbe essere quella capretta che abbiamo appena vista congiunta al dio nel *symplegma* precedente. Il motivo degli amori bestiali era naturalmente ben noto alla letteratura licenziosa antica, e proprio a proposito di capri, Eliano racconta di un tal giovane sibarita, di nome Cratete che mostrò tanto amore per una capra da suscitare la gelosia furiosa del maschio che lo incornò, uccidendolo.
Un'altra simile scultura da giardino, purtroppo molto danneggiata, è venuta di recente (1963) ad aggiungersi alla collezione dopo aver decorato una villa di Pollena Trocchia sulle pendici del Vesuvio volgenti verso la pianura campana (inv. 152873; h. 105). Il tema è quello, ben noto in pittura, del *satiro* che, seduto su una roccia, cerca di far sedere sul suo sesso eretto una ninfa abbrancandola per il torso[57].
Nello stesso filone può legittimamente inserirsi anche una delle più celebri sculture della collezione Farnese, il **gruppo di Pan e Dafni** (inv. 6329; h. 158), forse da un prototipo del rodio Eliodoro[58] che non a caso era stato collocato nel «giardino d'Amore» della Farnesina e poi nel Gabinetto Segreto del palazzo di Campo dei Fiori dov'era ancora nel 1770. Nel gruppo, tutto concepito frontalmente, il dio-capro insegna al giovane pastorello a suonare la siringa e intanto tradisce nei gesti affettuosi, nello sguardo e nel sesso eretto il suo amore per il bel discepolo. Il tema del mostro di natura che insegna all'uomo la cultura tornava in altri gruppi famosi elaborati dall'ellenismo, come il Marsia e Olimpo descritto da Pausania o quello del centauro Chirone che insegna ad Achille a suonare la lira, noto da varie repliche romane tra cui un celebre quadro dalla c.d. Basilica di Ercolano.
È qui evocato il mondo idillico degli amori campestri cantato da Teocrito, di cui ripetiamo l'elegante epigramma per Dafni[59]:
«Tu dormi su suolo coperto di foglie, o Dafni,

Pan e Dafni, dalla Collezione Farnese, inv. 6329. Particolarmente espressiva la descrizione nell'inventario Arditi del 1819: «Il Satiro tiene appoggiato al suolo il piè sinistro, pel mentra alza al davanti la vellosa coscia dritta, che sotto il pretesto forse di portar la battuta, vuol celare al giovinetto la sua alterazione voluttuosa, e seguire al tempo stesso il moto non pudico a cui il maligno si atteggia; non lasciando (sotto l'altro pretesto di ben situarlo a suonar la Siringa) di dolcemente forzarlo con la manca verso l'omero sinistro a volgergli il dorso. Il giovinetto pende con l'attenzione divisa fra l'istrumento, e 'l Satiro, e col volto chino mostra di essere nel massimo imbarazzo».

Pan e capra, vignette da Ercolano, inv. 9162 a,b.

riposando il corpo stanco.
I pali per le reti da caccia sono ormai piantati sui monti.
Ma a te dà la caccia Pan, e Priapo
che avvolge il capo amabile nell'edera color del croco,
avanzandosi insieme nella grotta.
Fuggi, fuggi, svegliandoti dal letargo del sonno.»

Oltre che nelle statue da giardino, gli stessi temi tornano in alcuni di quei magnifici rilievi marmorei, concepiti come veri e propri quadri in tre dimensioni prodotti dalle officine neoattiche per decorare, come riproduzioni di pitture famose realizzate in materiale più nobile e più duraturo dell'intonaco, i giardini e i saloni da banchetto delle case e delle ville più ricche.

Il tema dionisiaco può essere rappresentato dal magnifico **rilievo con Ninfa e Satiro** da Ercolano (inv. 6724; 145 x 91), in cui la fanciulla resiste al vecchio dio dei boschi, strappandogli la barba, come già nel quadro ad affresco con Ermafrodito e Satiro dalla casa di Epidio Sabino.

Questi grandi quadri marmorei furono uno dei vanti delle collezioni rinascimentali. La collezione Farnese ne possedeva alcuni di notevole qualità. Tra essi il c.d. **Alcibiade con etere** (inv. 6688, 45 x 53), notevolmente restaurato, in realtà una bella scena di simposio in cui un giovane ebbro è in compagnia di tre etere discinte in un interno con *kline*. O l'altro bel rilievo (inv. 27712; 46 x 40; Fiorelli 44) con un **Pan in groppa ad un mulo itifallico** – come l'asino il mulo era (ed è) proverbiale per le dimensioni del suo membro – che s'approssima ad un santuario rupestre in cui, sotto un albero troneggia un'erma itifallica. Il tema, ed il trattamento del paesaggio idillico, fanno collocare il prototipo di questo rilievo nell'arte del tardo ellenismo.

Accanto alle colte immagini di amori ispirati alla mitologia, esiste un altro gruppo di immagini, per lo più dipinte, più realisticamente esplicite e generalmente più rozze, che erano destinate a decorare e connotare le pareti dei lupanari e delle stanze da meretricio (*cellae meretriciae*) annesse alle taverne, ma anche delle stanze particolari presenti in molte case private dove i padroni solevano procurarsi il piacere con le loro schiave o schiavi, o talora, come si è supposto, lucravano sulla prostituzione dei loro servi.

Nel caso dei dipinti trovati in abitazioni, non meravigli che si tratti per lo più di dimore ricche e di un certo tono elegante; per la mentalità antica infatti il sesso non era volgare *tout court*, ma entrava a pieno titolo e a buon diritto nella sfera della *luxuria* (non è detto che le case ricche senza affreschi erotici non fossero in realtà provviste di stanze con pitture analoghe su tavola). A Pompei è noto anche un edificio pubblico che aveva una stanza decorata con queste pitture, lo spogliatoio di un complesso termale privato fuori porta Marina, il che lascia facilmente dedurre che questo bagno, appena fuori città dal lato del porto, fosse dotato di una o più *cellae meretriciae* per il divertimento dei clienti. Graffiti osceni non mancano del resto in molti altri impianti termali, ad esempio ad Ercolano, nelle c.d. Terme Suburbane. A Ostia, nelle Terme dette della Trinacria, una sala era stata addirittura denominata ufficialmente, ancorché scherzosamente, «*statio*

cunnilingiorum», con tanto di tabella musiva! Questi quadretti non sono quasi mai collocati negli schemi della decorazione architettonica tradizionale, ma si stagliano per lo più contro la parete bianca, a costituire l'elemento focale di attenzione per lo spettatore. Più della pittura mitologica si tratta evidentemente di un genere di pittura funzionale, che con le sue rappresentazioni più crudamente realistiche aveva probabilmente lo scopo di eccitare i frequentatori di questi locali. Questo meccanismo di autoidentificazione nei personaggi dipinti non mancò del resto di produrre la raffinata mania che Seneca[60] attribuisce ad un tal *Hostius Quadra*, di appendere alle pareti non solo quadri ma anche specchi (*speculato cubiculo*) per riflettere le scene di lascivia (*scorta*) di cui erano testimoni. I gaudenti avevano così a disposizione una sorta di Kamasutra letterario e artistico da cui trarre ispirazione; salvo poi a esaltare la superiorità dell'esperienza:
«(Le donne mature) si offrono all'amore in mille posizioni che in nessuna raccolta di pittura puoi trovare: in esse la voluttà senza artifici è provocata[61]»
Alcune delle scene erotiche appartenenti a questa serie sono più finemente rese, e denunciano nella qualità la stessa mano dei pittori dei quadri mitologici. Si tratta del resto di esemplari provenienti da case importanti. Restate a Pompei *in situ* le fini pitture della casa del Centenario (IX, 3, 8), del Bell'Impluvio (I, 9, 1), nella collezione napoletana illustrano questo filone la **scena erotica** (inv. 110569; 44 x 52) staccata **dalla casa di Cecilio Giocondo** (V, 1, 26), giocata sul vivo contrasto cromatico dei corpi, sulla felice resa della muscolatura dell'uomo, sullo scorcio della composizione e sulle lumeggiature. Su un letto coperto da un drappo verde e da un grande cuscino rosato, stanno semisdraiati un uomo e una donna; questa, seduta sul letto, vestita ancora della fascia pettorale, mostra la schiena e i larghi fianchi al compagno che solleva il lenzuolo bruno per guardare quello che la donna si accinge a fare al suo sesso con la mano portata indietro. La scena è totalmente priva di ambientazione, tutta l'attenzione del pittore è concentrata su quello che si svolge sul letto; una terza persona che spesso assiste, in genere un'ancella, è appena accennata. I fini chiaroscuri, la vivacità impressionistica della pennellata sono ancora le qualità ricercate nel **quadretto** (inv. 27686; 41 x 44) in cui la donna, indossante solo uno *strophion* rosso, sta per sedersi frontalmente sopra il compagno, visto invece di spalle, per meglio mostrare allo spettatore i genitali nell'atto sessuale. È la posizione che Aristofane[62] chiamava dell'*hippokotaton* – la prostituta specializzata in questa posizione era detta *hippopornos*[63] – e che i latini chiamavano *mulier equitans* (è ricordata anche come *equus hectoreus* da Marziale o come *Venus pendula* da Apuleio). Su di essa si è molto discettato in età moderna quale prova di una certa qual raggiunta indipendenza della donna, in quanto soggetto attivo, nell'atto del «cavalcare», nella ricerca del piacere. La trattatistica erotica antica ne distingueva almeno due varianti, con la coppia affrontata (*Venus pendula conversa*) e con la donna volgente la schiena all'uomo (*Venus pendula aversa*, o *equis aversis*[64]), e forse una terza con la donna distesa ad abbracciare l'uomo. In ogni caso i pittori pompeiani sembrano aver fatto del loro meglio per dare un'impressione di ulteriore maggiore varietà riproducendo raffigurazioni di questo schema quanto più diverse nella scelta del punto di vista.
La stessa impressione di varietà torna anche nei dipinti di tono più popolareggiante. La posizione con la donna seduta prona sull'uomo è in un **quadretto** dal fare svelto e vivace, con un'essenziale ambientazione abilmente accennata (inv. 27684; 41 x 41 Fiorelli 16); una *Pendula conversa* è invece in un'immagine più rozza e monocromatica, col letto visto quasi di profilo e le figure come *silhouettes* (inv. 27689, 39 x 49; Fiorelli 21); interessante è, sopra la testa dell'uomo, la presenza di un graffito, scritto a piccole lettere, *ad...sic Amilliu(s)* il ricordo di un cliente soddisfatto che si era identificato nell'immagine. La scena è sempre la stessa, ma il punto di vista e gli atteggiamenti sono ancora mutati in un **terzo quadretto**, con scorci meno espliciti (inv. 27694, 54 x 49, Fiorelli 26).
Il nome di battaglia di una prostituta pompeiana era ispirato a questa posizione (*Callidrome* = bella cavalcatrice[65]) ed ad essa allude anche lo scherzoso graffito di un pompeiano che paragona le cavalcate con la sua bella ai ludi equestri dei giovani dabbene nel *campus* della città: «Vita mia, mia delizia, giochiamo un po': facciamo che questo letto sia il campo, e che io sia il tuo cavallo» (*Mea vita, meae deliciae, ludamus parumper: hunc lectum campum, me tibei equom esse putamus*[66]).
È stato dato il nome di *Venus prona* alla posizione in cui la donna si piegava in avanti come in un

Statua di satiro e ninfa da Pollena, inv. 152873

Pan in groppa a un mulo itifallico,
inv. 27712

Rilievo con ninfa e satiro, da Ercolano, inv. 6724

Rilievo con scena di simposio: giovane ed etere, dalla Collezione Farnese, inv. 6688

Quadretto con scena erotica, da Pompei, Casa di Cecilio Giocondo, inv. 110569

Quadretti con scena erotica, inv. 27686, inv. 27684

Quadretto con scena erotica e scritta "ad… sic Amilliu(s)", inv. 27689

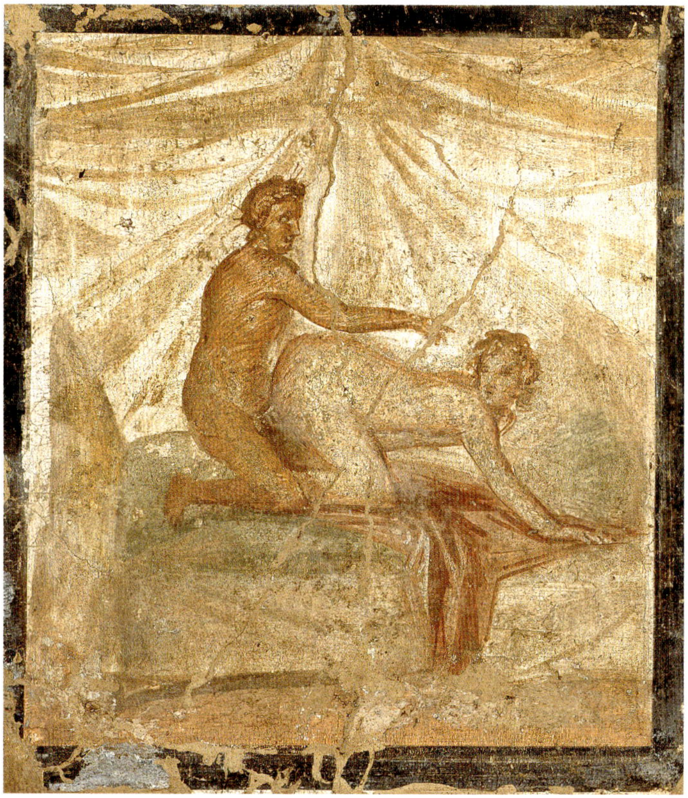

Quadretti con scena erotica, inv. 27694, inv. 27696

quadretto di coitus a tergo (inv. 27696, 51 x 54, Fiorelli 28) dentro una tenda col soffitto di panno azzurrino e un velario bianco drappeggiato sul fondo della parete; l'uomo, col braccio steso, sembra incitare la donna che si volta a guardarlo; un **altro**, molto più rozzo e schematico (MNN s.n.) ha lo stesso tema, con la donna poggiata sul cuscino e l'uomo che la prende per i fianchi. Famoso è infine il **quadretto con una simile immagine** (inv. 27690 43 x 34; Fiorelli 22) per la scritta di commento «lente impelle»: una donna con i grandi fianchi (l'autore di un graffito pompeiano l'avrebbe definita *culibonia*[67]) e la pettinatura a riccioli biondi si volge a chiedere di «spingere dolcemente» ad un giovane dal corpo più minuto che la penetra da dietro. Accurato il volto del ragazzo, corsivo il resto.
Piuttosto frequentemente riprodotta nell'arte erotica romana è anche la posizione *con l'uomo in piedi* e la ragazza stesa sul letto (inv. 27697; 37 x 37; Fiorelli 29) cui potrebbe far da commento il passo della Lisistrata di Aristofane[68] o il consiglio di Ovidio[69]: «Atalanta distendeva le gambe sulle spalle di Melanione, e tu, se belle hai le gambe, devi farle ammirare in questo modo».
È restata invece eccezionale, dato il livello qualitativo del manufatto, la provenienza da una *caupona* pompeiana (VII, 7, 18) di un **bassorilievo marmoreo** (inv. 27714; 35 x 33) con una donna a cavalcioni di un uomo nella posizione della *Venus pendula*; la presenza nel locale di una cella meretricia è confermata dalla presenza di una pittura erotica, ora perduta[70].
Se nei quadri mitologici conosciamo i nomi delle eroine, chi erano le donne protagoniste di questi amori reali dipinti? Ovviamente si tratta solo di schemi ripetitivi i cui personaggi non sono identificabili, ma la domanda non è del tutto priva di senso. Chi immaginavano di guardare i Pompeiani e gli Ercolanesi quando posavano gli occhi su questi dipinti nella penombra dei *cubicula* riservati delle loro case? Come la poesia erotica (da Catullo, a Properzio a Ovidio, a Tibullo) ignora la moglie legittima quale oggetto dei propri versi audaci, così, in queste figure i Pompeiani medi (ci si perdoni il sociologismo) non avrebbero mai potuto vedere le loro mogli; il matrimonio, cui aveva dato origine un contratto stipulato dai genitori, produceva un amore coniugale

destinato a fini esclusivamente riproduttivi. Il piacere, la passione, l'amore perfino, i Romani li cercavano altrove; nelle schiave e negli schiavi di casa i ricchi, nelle prostitute dei lupanari e delle osterie i meno abbienti, nelle mogli degli altri i più sfrontati e spavaldi. A Pompei, ancor più che le pitture, sono *i graffiti* e le altre scritte parietali a dar nomi e voci a questi personaggi e a noi l'illusione di conoscerli più da presso. Anzitutto le prostitute, che, pur fatte segno di generale disprezzo, esercitavano un mestiere del tutto legale, con tanto di tasse da pagare e festa nel calendario, il 26 di aprile. Per loro il latino ha una lunga serie di nomi: *lupa* (come l'animale), *meretrix* (che si fa pagare), *ambulatrix* o *circulatrix* (la nostra passeggiatrice), *fornicatrix* (donna di sotto i ponti), *noctiluca* (lucciola), *bustuaria* (che frequenta le tombe, in antico noto luogo di sesso). Conosciamo i loro nomi, alcuni greci ed orientali (ma quante lo saranno state poi veramente?): *Actica*, *Callidrome*, *Chloe*, *Cressa*, *Drauca*, *Eytychis*, *Febe*, *Ias*, *Labis*, *Myrtale*, *Mystis*, *Helpis*, *Partenope*, *Spendusa*, *Tindaris*, *Thymele*. Alcuni sono chiari nomi di battaglia: *Myrtis* ha il nome del mirto della pianta sacra a Venere, Nebride ricorda il mantello di pelle delle Menadi dedite alle orge di Dioniso, Glicera prometteva dolcezze; Nica è la vincitrice delle sue «battaglie». Molti altri nomi sono invece latini: *Fabia*, *Faustilla*, *Felicia*, *Iucunda*, *Lucilla*, Fortunata, *Optata*, *Quintilia*, *Restituta*, *Rufillia*, *Rusatia*, *Secunda*, *Successa*, *Spes*; *Mula*, *Veneria* e *Rufa* sembrano chiari nomi d'arte: *Rufa*, «la rossa» era poi quasi sinonimo di prostituta, per l'uso delle meretrici di portare una parrucca rossa in pubblico).
Molte di loro esercitavano nel lupanare di *Africanus* e *Victor*, altre in alcune stanzette al vicolo dei Soprastanti (VII, 6, 34-35), altre ancora nei bordelli di *Somene* (IX, 5, 19) e di *Amandus* (IX, 6, 8): in tutte le taverne (*cauponae*) v'erano ragazze e ragazzi di piacere che talvolta mettevano in piedi per i clienti veri e propri spettacoli a sfondo sessuale di cui è forse eco il quadretto (perduto) da una taverna sulla via di Mercurio (VI, 10, 1) con la *coppia di funamboli* che, in equilibrio su due corde legate ad un tavolino, si esibiscono in un *coitus a tergo* (e per di più bevendo da due bicchieri colmi di vino!), un'immagine che si potrebbe commentare con

Quadretto con scena erotica e scritta "lente impelle", inv. 27690

Quadretto con scena erotica, inv. 27697

Quadretto con scena erotica

Graffito parietale con scena erotica, inv. 27706

l'epigramma XX di Marziale[71].
Altri luoghi di incontro erano, oltre alle terme, di cui s'è detto, il teatro (dove in età romana si mettevano in scena le *nudationes mimarum*) e l'anfiteatro, certamente i quartieri del porto, che dovevano pullulare di locali malfamati. Dovevano inoltre essere numerose anche le donne che «passeggiavano» per strada, aspettando al varco i clienti degli edifici pubblici, e i viaggiatori in transito lungo le strade extraurbane, tra le tombe. Su una tomba di Pompei c'era perfino la pubblicità per una prostituta forestiera: *Novella Primigenia*, che esercitava a *Nuceria*, nel quartiere del Lupanare (*ad Portam Romanam in vico Venerio*[72]). I graffiti ci informano dei prezzi che venivano richiesti: due assi per lo più, talvolta tre, per ogni tipo di prestazione; ma alcune ragazze erano molto più care: così *Spes* costava ben nove assi[73] ed *Actica*, che lavorava dalle parti di Porta Marina, chiedeva ben sedici assi[74].
Oltre alle donne, i graffiti di Pompei ci presentano dei prostituti, omosessuali passivi, che venivano definiti con ogni sorta di nomi infamanti: *cinaedi* (quelli che baciano), *spintriae* (i buchi), *pathici* (quelli che subiscono), *exholeti* (quelli invecchiati). Sono tuttavia in numero nettamente minore rispetto alle donne alle quali fanno una dura concorrenza: *Menander* e *Felix* si offrono rispettivamente infatti per due e quattro assi. Nonostante avessero anch'essi la loro festa, il 25 aprile, la mentalità romana era assai meno tollerante nei loro confronti e durante tutto il periodo imperiale si susseguirono leggi severe a loro carico.
Ad onta delle numerose posizioni rappresentate sui dipinti (almeno ventiquattro dovevano essere raffigurate nello spogliatoio delle Terme suburbane), i graffiti rivelano una certa qual monotonia nel loro linguaggio: tutti i clienti si vantano del loro «*futuere*» (se l'oggetto sono le donne) o «*pedicare*» (se con gli uomini) e le prostitute offrono per lo più sesso orale (*fellatio*). Nella mentalità romana l'importante per un uomo era essere il soggetto attivo del rapporto, dominare (si è parlato di «sessualità da stupro»), non importa se il partner fosse donna o uomo; quindi era ritenuto riprovevole – *fellator* era un insulto oltraggioso – per un uomo praticare questa attività sia nei confronti di un uomo, sia, e forse ancor più, a vantaggio di una donna (*cunnum lingere*). E tuttavia tra le classi elevate, almeno nei rapporti passionali, una idea della parità dei sessi nel diritto al piacere andava insinuandosi se Ovidio nell'*Ars* raccomanda agli uomini di controllarsi per raggiungere un orgasmo simultaneo a quello della loro compagna[75]. L'idea del dominio maschile sembra ben espressa da un **graffito** staccato da Pompei (inv. 27706; 33 x 26; Fiorelli 38) con una rozza figura maschile che penetra, con una rappresentazione del tutto inorganica, una minuscola compagna distesa tra le sue gambe.
Dal tempo della Grecia classica il luogo dell'erotismo per eccellenza era il banchetto, sia quello delle *cenae* dei ricchi nelle sale da banchetto delle case private, sia quello nei triclini d'affitto[76]; la versione più volgare era, se si vuole, il vino consumato nelle taverne. E dunque è naturale ritrovare in abbondanza i temi erotici come decorazione degli oggetti che formavano il corredo delle mense e l'arredo stesso dei triclini. Sulle coppe d'argento per vino – un lusso, questo dell'*argentum potorium* che solo i più ricchi potevano permettersi – la vista degli amori di Marte e Venere sdraiati sulla *kline*, come quelli raffigurati su un **cantharus** dal famoso tesoro della casa detta del Menandro (inv. 145515) accendeva le fantasie più ardite non meno delle ancor più *osées* figure di *Venus pendula conversa* su un'altra **coppa** dallo stesso servizio (inv. 145516). È una moda che Plinio cita, deprecandola: «piace scolpire depravazioni sui bicchieri e bere attraverso oscenità (*in poculis libidines caelare iuvat, et per obscoenitates bibere*)». Naturalmente chi non poteva permettersi di tali oggetti raffinati poteva comprare i più modesti vasi in *terra sigillata* che attingevano tuttavia allo stesso repertorio decorativo, come **due coppe** (inv. 112893; 113001) provenienti entrambe da Pompei.
Era probabilmente destinato alle abluzioni che frequentemente si susseguivano durante il banchetto il bel **bacino di bronzo a due manici** (inv. 27671; h. 11, 7; diam. orlo 38; Fiorelli 3), nel cui tondo interno è una scena di accoppiamento: un giovane Satiro seduto sul bordo di un letto, un piede a terra, l'altro disteso sul giaciglio, penetra una giovanissima ninfa che si è posta, stando ritta in piedi su una gamba e con l'altra sollevata sul letto, sopra di lui. La posa e lo sguardo tenero che la ragazza rivolge, girandosi ad abbracciarlo, al Satiro, sono elementi tipici delle scene erotiche venute di moda durante il II secolo a.C. È perciò possibile che questo bacile, trovato a Pompei, sia un vaso di età ellenistica conservato come oggetto

Coppa in argento con scena erotica, da Pompei, Casa del Menandro, inv. 144802

Cantharus in argento con gli amori di Venere e Marte, da Pompei, Casa del Menandro, inv. 145515

Coppa in terra sigillata, particolare con scena erotica, da Pompei, inv. 112893

Coppa in terra sigillata, particolare con scena erotica, da Pompei, inv. 113011

Bacino in bronzo con scena erotica sul fondo e particolare, inv. 27671

Statuetta in bronzo di venditore di focacce ("placentarius"), da Pompei, Casa dell'Efebo

di antiquariato per generazioni nel servizio da banchetto di una ricca casa pompeiana. Di notevole qualità deve essere stato anche il vaso bronzeo, da Pompei, di cui ci resta solo *l'applique*, finemente incisa, dell'ansa, con un Satiro che, seduto quietamente all'ombra di un albero, penetra, facendola sedere su di sé, una Menade o una Ninfa (inv. 129478; h. 13).

Come ci insegnano gli epigrammi di Marziale che descrivono gli «*apophoreta*», «i doni da portare via» come premi dei giochi di dadi, le tavole dei ricchi potevano essere arricchite da statuette d'argento, di bronzo e d'avorio, come i *desserts* sulle tavole barocche, e le città vesuviane non hanno mancato di restituircene vari esemplari di notevole interesse. Forse si inseriscono in questo filone due statuine in avorio da Pompei, una **Venere** che si denuda per il bagno (inv. 110924) e, *unicum* eccezionale per la provenienza dalla lontana India, **la dea Laksmi** (inv. 149425), un'Afrodite indù dal corpo sensuale, testimone tra l'altro dei commerci che l'Impero aveva allacciato con le favolose terre delle gemme e degli aromi e la cui rotta avevano il terminale italiano nel vicino porto di *Puteoli*.
Erano invece dei portavivande – le delicatezze erano poste sul piattino d'argento – che impreziosivano la mensa del ricco proprietario della pompeiana casa dell'Efebo (I, 7, 10-12) quattro grottesche e caricaturali **statuette bronzee di venditori ambulanti di focacce** (*placentarii*) (inv. 143758, 143759, 143760, 143761; h. 25), trovate dentro una cassetta in una stanza presso l'atrio della casa. Ha caratteri evidentemente grotteschi e ironici il tipo del venditore nudo, magro e allampanato, che urla a squarciagola l'offerta della sua merce col gran fallo pendente come i fliaci della farsa magnogreca.
Lo scopo di questo genere di figurine era dunque quello di incuriosire e suscitare il sorriso dei commensali ed esso sembra ben raggiunto anche da una serie di statuette, alcune delle quali di esecuzione eccellente nel solco della più viva tradizione ellenistica. Sembra così la caricatura del filosofo cinico rinsecchito la **figuretta di stolido** (inv. 27729; h. 35,5; Fiorelli 61) che declama ebbro – si noti la coroncina d'edera – e seminudo, avvolto da un mantelletto che non nasconde il grosso membro da satiro. Accenna invece ad una passo di danza e si esibisce in un gesto osceno con la destra un'altra figurina nuda maschile (inv. 27733; h. 8,5; Fiorelli 65), itifallica, dal volto satiresco e col cappuccio a pileo calzato sul capo. Con entusiasmo forse eccessivo Winckelmann lo giudicò un pezzo «fatto con grandissima arte e, potrebbe dirsi una scuola di perfetta anatomia studiata in modo che lo stesso Michelangelo non avrebbe potuto far nulla di meglio». Fiorelli vi vedeva un *Sannione*, uno di quei ballerini buffoneschi improvvisati che si esibivano

Bassorilievo marmoreo con scena erotica, inv. 27714

nelle fiere e nei mercati. Le statuette di nani cui accenna Marziale (se guardi solo la testa, sembra Ettore / se lo guardi per intero, è il figlio Astianatte)[77] sono testimoniate da due **bronzetti da Ercolano**, (inv. 27735; h. 16,4; Fiorelli 67; 27734; h. 13,1 Fiorelli 66) riproducenti con lievi variazioni lo stesso tipo del **nanerottolo danzante**, fortemente sbilanciato, il grosso sesso rivelato dalla tunica arrotolata in vita. Appartiene ancora al mondo del banchetto, al pari di altri elaborati oggetti da riscaldamento trovati nelle città vesuviane, il celebre **tripode con satiri itifallici** (inv. 27874, h. 90,5; diam. 44; Fiorelli 206) rinvenuto nel 1755 nella casa-albergo pompeiana di *Iulia Felix*, i cui piedi sono appunto formati da elegantissime figurine di giovani Satiri itifallici con la palma della mano sinistra protesa in avanti in gesto apotropaico. Erano state verosimilmente in origine concepite anch'esse per illuminare il banchetto le **lucerne di bronzo** figurate con immagini di altri personaggi buffi e grottescamente iperdotati; munite di ganci e catenelle, erano sospese a dei candelabri ad ammiccare ai banchettanti. Il tipo generale che l'arte ellenistica aveva inventato, e che ora i bronzieri romani ripetevano adeguandolo a questo scopo funzionale, è quello del nanerottolo o del pigmeo iperdotato (che abbiamo già incontrato sui triclini dei giardini), senza tuttavia lasciarsi sfuggire l'occasione per gustose contaminazioni con altri tipi. Ha ad esempio lo stesso berretto frigio del famoso Priapo dipinto del vestibolo della pompeiana casa dei *Vettii*

Statuetta marmorea di Venere in "bikini", da Pompei, inv. 152798

Statuetta in avorio di Venere che si denuda per il bagno, da Pompei, inv. 110924

Statuetta in avorio della dea Laksmi, da Pompei, inv. 149425

Statuette di nano danzante,
da Ercolano, inv. 27734, inv. 27735

Statuetta di stolido ebbro, inv. 27729

Lucerna in bronzo con figurina grottesca, inv. 27871

Tintinnabulum in bronzo a forma di Mercurio che cavalca un ariete itifallico, inv. 27855

Lucerna in terracotta raffigurante un satiro con fallo smisurato, da Pompei, inv. 27869

Lucerna in terracotta raffigurante un vecchio intento alla lettura, da Pompei, inv. 109411

Tripode in bronzo con satiri itifallici, da Pompei, Casa-albergo di Iulia Felix, inv. 27874

una **lucerna con figurina grottesca** (inv. 27871; h. 22; Fiorelli 203) di vecchio nanerottolo vestito di corta tunica che leva in alto, in gesto di danza, una gamba ed una mano, ed esibisce un portentoso membro eretto col foro per la fiammella. **Un'altra simile** (inv. 27870; h. 22; Fiorelli 202), su base non pertinente, mette invece nelle mani del nanerottolo degli oggetti (un martello?) di cui forse doveva fare uso giocoso sul proprio membro.

Il costo certamente elevato di queste lucerne di bronzo aveva favorito la produzione, probabilmente nell'isola greca di Cnido, di un loro surrogato in terracotta. Due di queste lucerne, da sospendersi per l'anello che portano in alto, trovate a Pompei e conservate nella collezione napoletana, raffigurano entrambe un vecchio **satiro barbuto con un fallo smisurato** (inv. 27868; h. 20; Fiorelli 200; inv. 27869; h. 20; Fiorelli 201); uno è tutto nudo e tiene le mani levate in alto nel gesto del guardare lontano (*aposkopeuein*), l'altro fa un passo di danza. La presenza delle corna sulla fronte ha fatto pensare al dio latino Fauno, ma credo che si debba piuttosto vedere in questi prodotti schiettamente greci una contaminazione tra Pan e Satiri. Sembra la **caricatura dell'intellettuale erotomane** un'altra lucerna configurata (inv. 109411; lungh. 15,5) che raffigura un vecchio barbato che siede tutto intento a leggere un rotolo di papiro, inavvertito dell'enorme fallo (che serve da lucignolo) che fuoriesce sotto il suo libro.

Chi non poteva permettersi il lusso di una lucerna bronzea, e nemmeno di una di Cnido, si doveva accontentare delle normali lucerne di terracotta, prodotti locali campani fatti a stampo, che, tra le infinite decorazioni presenti sul disco, sono spesso ornati anche con immagini erotiche e contribuivano quindi anch'essi alla diffusione tra i più vasti strati sociali dello stesso immaginario delle pitture erotiche. Non è dato naturalmente di sapere se chi le comprava le adoperava poi veramente per illuminare i propri amori notturni come appare in alcune pitture e come inviterebbe a pensare un famoso epigramma di Marziale che chiama la sua lucerna a testimone discreto dei piaceri del suo *lectulus*. La raccolta napoletana possiede vari esemplari di

questa diffusissima classe, databili al I secolo d. C.; ricordiamo così una **lucerna con figura di Venus pendula conversa** (inv. 109412; lungh. 12; diam. 6,4 da Pompei) **e due con lo schema della pendula aversa** (inv. 110112; lungh. 11,5; diam. 5,6 da Ercolano; inv. 109413; lungh. 12; diam. 4,6 da Pompei), **una con un rapporto frontale** (inv. 27865; lungh. 10,5; diam. 6, Fiorelli 197, da Pompei), ed **una con un l'uomo che divarica a forbice le gambe della compagna** (inv. 27862; lungh. 11,8; diam. 6, Fiorelli 194, da Ercolano). È interessante tra gli altri un esemplare sia per la sua origine dalla settecentesca collezione del duca di Noja sia per la decorazione con una non frequente **scena di fellatio** (inv. 27864; lungh. 11,5; diam. 7,3, Fiorelli 196). In questo gioco venereo, che si ritrova talvolta nella pittura (ad esempio nelle Terme suburbane pompeiane), l'uomo è semisdraiato a sinistra sul letto e con la mano stesa sul capo della donna le accarezza i capelli ed insieme la guida nel suo gioco. Come in altri casi, egli è spesso vestito mentre la donna è nuda: un indizio in più che si tratta di un rapporto impari che vedeva la donna totalmente al servizio dell'uomo; e del resto letteratura[78] ed epigrafia dei graffiti sembrano porre la fellatrice su un gradino piuttosto basso della scala delle prostitute.

Funzione tuttora poco chiara (Fiorelli li chiamava «abbeveratoi per uccelli», ma senza fondamento) hanno alcuni oggetti fittili, conformati a **maschera contenente un fallo mobile** (inv. 27859; 9,5 x 9; Fiorelli 191, da una casa «alle spalle della casa di Meleagro» a Pompei; inv. 125169; 8 x 7,5 da una villa nell'area portuale in località Bottaro; inv. Santangelo 908, 11 x 8). Essi dovevano essere sospesi, a mo' di grotteschi *gorgoneia*, e, riempiti di liquido, agitavano la lingua galleggiante a forma di fallo; altri

Lucerne in terracotta con scena erotica (Venus pendula conversa), da Pompei, inv. 109411, inv. 109412, inv. 110112

Lucerna in terracotta con scena erotica, da Ercolano, inv. 27865

Lucerna in terracotta con uomo che divarica le gambe della compagna, da Pompei, inv. 27862

Lucerna in terracotta con scena di fellatio, da Pompei, inv. 27864

Maschera in terracotta contenente un fallo mobile, da una casa alle spalle della Casa di Meleagro, Pompei, inv. 27859

Maschera in terracotta contenente un fallo mobile, da una villa in località Bottari, inv. 125169

Maschera in terracotta contenente un fallo mobile, inv. Santangelo 908

Pastiche di epoca borbonica di una lucerna in bronzo e di un tintinnabulum con gobbo danzante itifallico, inv. 27873

Vasi a forma di nano grottesco, da Ercolano, inv. 27857, inv. 27858

Tintinnabulum in bronzo con gladiatore che combatte con il suo fallo trasformato in pantera, da Ercolano, inv. 27853

Tintinnabula in bronzo: con fantino a cavallo di un fallo alato, da Pompei, inv. 27844; con Chimera costituita da animale-fallo alato, da Ercolano, inv. 27837; con fallo a forma di leone, inv. 27835

falli, alati e non, a rilievo, decoravano il fondo interno del vaso. Sembrano oggetti scherzosi più che funzionali, ispirati dalla contiguità delle sfere dell'eros e del banchetto. Lo stesso crasso spirito burlesco sembra aver ispirato la produzione di alcuni **vasi fittili** modellati come statuette raffiguranti un servo sciocco (i Romani ricchi si divertivano della compagnia di questi schiavi-giullari, che chiamavano *moriones*), rappresentati in **forma di nani grotteschi** e, naturalmente, *itifallici* come in questa *coppia* trovata nel 1755 ad Ercolano (inv. 27857 e 27858; h. 30; Fiorelli, 189, 190). Particolarmente riuscita è, nel primo, la caricatura del vecchio dalle orecchie a sventola costretto ad andare, come un bambino (si noti la *bulla* appesa al collo) a scuola con le tavolette per fare i compiti. In tutti questi casi si tratta certamente di oggetti simili a quelli di cui parla Giovenale[79] quando dice di un tale che «beve in un bicchiere a forma di Priapo».
Nel mondo romano, più ancora che il sesso femminile, il membro virile (*fascinum* da *fas*, favorevole, propizio) era, com'è noto, ritenuto simbolo di fecondità e augurio di prosperità; allo stesso modo esso teneva lontano il male[80]. Un altro potente talismano contro gli spiriti maligni era il rumore, sicché spesso al collo dei bambini e degli animali si mettevano dei campanelli, *crepitacula* e *tintinnabula*. La combinazione dei due rimedi apotropaici spiega il favore che a Pompei e negli altri centri vesuviani conobbe l'uso di **campanelli di bronzo** sostenuti da falli o figure itifalliche (nelle botteghe come augurio di buoni affari e forse anche nelle case come spiritosi arredi da triclinio per chiamare le portate). Ha perduto i campanelli, ma è dotato di ben cinque falli, quattro che gli spuntano dal cappello alato oltre al proprio smisurato, un **Mercurio** con la borsa delle monete in mano, augurio concreto di ricchezza per chi suonava i suoi campanelli (inv. 27854; h. 27; Fiorelli 186). Lo stesso **dio cavalca un ariete itifallico** (inv. 27855; h. 22,1; Fiorelli 187) – il dio era stato spesso «portatore dell'ariete» (*kriophoros*) nell'arte greca – con la sua scarsella del denaro nella destra e forse il caduceo nella sinistra; alle zampe e al sesso dell'animale nonché ai piedi del dio sono attaccati degli anelli dai quali pendevano dei campanelli (due mancano). La combinazione del tema del fallo con quella del popolarissimo dio del guadagno torna in un'insegna dipinta di bottega, un quadretto di stile popolaresco (s.n. inv.; 72 x 80) di eccellente fattura, in cui il dio avanza, ironicamente truculento, con la scarsella delle monete, il caduceo e un fallo enorme.
È forse invece un **pastiche** dei restauratori borbonici *un tintinnabulum* con il già descritto tipo del nano gobbo danzante itifallico da Pompei al quale, oltre al campanello, pertinente, è stata associata una lucerna di bronzo (27873; h. bronzetto 26; lungh. lucerna 18,5; Fiorelli 205).
Il capolavoro di questa serie è una splendida **figurina di gladiatore** da Ercolano (inv. 27853; h. 21, Fiorelli 185) che combatte contro il proprio fallo la cui estremità si è trasformata in una belva che lo assale. Ed è un grottesco gladiatore armato di scudo e di lancia (perduta) anche la figurina con testa e code di gallo e corpo di Satiro, naturalmente itifallico (inv. 27727; h. 18,5; Fiorelli 59). La stessa fantasia «da metamorfosi» è nella figurina da Pompei di un **fantino** montato a cavallo di un grosso fallo alato (inv. 27844; lungh. 11,5; Fiorelli 176) sul cui capo egli pone una corona come fosse quello di un destriero vittorioso; il fallo-cavallo è a sua volta munito di un suo sesso, e, naturalmente, di occhielli per sospendere i campanelli; *ad abundantiam*, a sua volta la coda-sesso si attorceva a penetrare da dietro il fantino. Stessa fantasia in un altro sonaglio da Ercolano (inv. 27837; lungh. 14; Fiorelli 169) in cui la mitica **Chimera** è diventata un animale-fallo alato, e ha trasformato in sessi supplementari le appendici animalesche. O in un altro ancora, sempre da Ercolano, in cui lo scroto diventa il **guscio di una lumaca** da cui fuoriesce un grosso fallo alato (inv. 27831; lungh. 14,6; Fiorelli 163). Molti altri falli hanno forma di *leone* (inv. 27835; lungh. 17,5; Fiorelli 167), o sono percorsi, come in una favola di Esopo, da un **topo e una tartaruga** (inv. 27841; lungh. 7,8; Fiorelli 173); la maggior parte tuttavia (ad esempio inv. 27832, 27838, 27839, 27840) si limita semplicemente a ripetere il motivo del **fallo-uccello-quadrupede**[81], agganciandosi all'antico tema della tradizione greca

Fallo-uccello-quadrupede in bronzo, inv. 27838

Fallo-uccello-quadrupede in bronzo, inv. 27839

Fallo-uccello-quadrupede in bronzo, inv. 27840

Anfora attica a figure rosse, particolare con un fallo raffigurato come uccello. Da Boardman, "Red figured Vases", fig. 176

identificante il sesso maschile come un uccello[82]. Presupposto necessario di queste applicazioni semiserie era naturalmente la fortissima carica religiosa e magica che il sesso aveva per gli antichi. Il membro maschile come organo della generazione era l'attributo principale di Priapo, il dio orientale (di Lampsaco in Misia, nella penisola anatolica) figlio di Afrodite e Dioniso divenuto, in concorrenza e poi insieme con l'occidentale *Hermes* (di cui adottò spesso l'icona dell'erma), custode dei giardini e dei campi. L'abito orientale e l'acconciatura a turbante permette di identificare con certezza il dio in una **statuetta bronzea** (si veda la stessa acconciatura nella statuetta inv. 27717) raffigurato in una posa scherzosa, mentre versa del liquido da un flacone a forma di *alabastron* sul proprio membro eretto che emerge dalla tunica sollevata (una libagione ironica o acqua per placare l'ardore?). Questa statuetta (inv. 27731; h. 23,8; Fiorelli 63) fu trovata ad Ercolano nel 1746; **una replica** (inv. 27732; h. 23,7; Fiorelli 64), più approssimativa nella resa delle superfici, proveniente dalle raccolte conservate a Capodimonte, è forse una replica moderna (si noti la più libera esecuzione della barba). L'originale molto probabilmente era una figurina da larario: l'interpretazione ironica del dio nulla toglieva al suo valore sacrale, come insegna il già ricordato Priapo che pesa il suo membro della casa dei *Vettii*; o un bronzetto da Ercolano (inv. 124168) che ha la parte inferiore del corpo disposta in posizione inversa rispetto al tronco. Funzione parimenti religiosa avevano certamente **quattro figurine in terracotta** (inv. 27716, h. 15.5, Fiorelli 48; inv. 27717, h. 14, Fiorelli 49; inv. 27718, h. 15,5; Fiorelli 50; inv. 27719. h. 15,5, Fiorelli 51) che rappresentano lo stesso dio nella sua iconografia più diffusa, di origine probabilmente alessandrina, mentre ha riempito di frutta il seno della tunica da giardiniere e nel sollevarne l'orlo sul davanti scopre il grosso fallo eretto che assicurava la fertilità e la fortuna ai giardini che proteggeva e a chi lo venerava.

Altre terrecotte figurate sembrano aver avuto un valore più decorativo che religioso, probabilmente come sostituto a buon mercato delle sculture in bronzo da triclinio o da arredo da giardino. Così la languida statuetta (inv. 20270; h. 13,6) con **Amore e Psiche** che si baciano, ispirata al sentimentale mito reso popolare dai romanzi ellenistici, cui può far da commento pittorico il quadretto (inv. 9195) dalla casa pompeiana VII, 2, 6; o l'altra con **coppia che si bacia su una kline** (inv. 117104; h. 10,5; lungh. 14,2); per la quale, data la nudità dei due protagonisti, non c'è dubbio che i Pompeiani avrebbero parlato di *savium* o di *basium* (che era il bacio sensuale e amoroso) piuttosto che di *osculum* (che era il bacio cerimoniale ed affettuoso), mentre i Greci avrebbero più semplicemente parlato di un *philema*.

In quanto potente amuleto contrastante gli effetti dell'invidia ed propiziatore di prosperità il fallo si incontra in tutte le città antiche sulle mura, sui marciapiedi e sui basoli delle strade. A Pompei esso era spesso usato anche nei cantonali delle case a proteggerle[83]; la loro frequenza sulle facciate delle botteghe indica la paura dell'invidia da cui erano afflitti soprattutto i commercianti[84]. Altrettanto tipica è la sua presenza nei panifici[85], dov'era scolpito sugli architravi dei forni a proteggere dal malocchio il delicato procedimento della cottura. Famoso è a questo proposito il **rilievo in travertino con fallo e scritta «hic habitat felicitas»** (inv. 27741; 26 x 40; Fiorelli 73), dal panificio nell'*insula* della casa di Pansa, che fu all'origine del sopra ricordato opuscolo di Michele Arditi. La natura divina della potenza fallica è sottolineata dalla sua collocazione come simulacro divino in un **tempietto in antis** scolpito, rozzamente ma chiaramente, a basso rilievo su una placca di tufo collocata presso l'uscio di una casa (s.n. inv.; 31 x 45). Altri grandi falli eretti erano realizzati in tre dimensioni, come vere e proprie sculture e sporgevano dalle pareti da cui emanavano la loro potenza benefica: così il grosso **fallo dipinto di rosso** in tufo (inv. 113415; h. 64) da Pompei (IX, 5) con la scritta sulla base «io ho cacato su questo cazzo» (*hanc (mentulam?) ego cacavi*), ed un *altro*, più rozzo (s.n. inv.; h. 39) in tufo.

Un posto considerevole nella collezione napoletana spetta agli **amuleti personali**, oggetti indossati da uomini e donne fin dall'infanzia come protettivi contro malocchio e malattie. Si

Statuetta bronzea del dio Priapo che versa acqua sul fallo eretto, da Ercolano, inv. 27731

Statuetta bronzea del dio Priapo che versa acqua sul fallo eretto, inv. 27732, forse replica moderna dell'inv. 27731

Affresco con Priapo che pesa il suo fallo. Pompei, Casa dei Vettii

Manine-amuleti in faïence

Statuetta in terracotta con Amore e Psiche, inv. 20270

Statuette in terracotta raffigurante il dio Priapo che solleva la tunica piena di frutta scoprendo il fallo eretto, inv. 27716, 27718

Statuetta in terracotta raffigurante il dio Priapo che solleva la tunica piena di frutta scoprendo il fallo eretto, inv. 27717

trattava in genere di piccoli talismani, pendagli per lo più, realizzati con materie che erano ritenute, per antica sapienza per lo più di origine orientale, dotate di speciali virtù; quelle del corallo, dell'ambra, dell'agata, del diamante e del cristallo di rocca ci sono descritte da Plinio[86], che attingeva ad un poemetto, i *Lithica*, che andava addirittura sotto il nome del mitico Orfeo. Oltre alla materia era efficace protettivo la forma stessa dell'oggetto, e qui, oltre alle dottrine astrologiche e pitagoriche, che suggerivano forme e motivi come lune e numeri, giocavano un ruolo importante le più antiche credenze agrarie con la loro iconografia sessuale[87]. I più frequenti erano gli **amuleti fallici o a forma di genitali maschili**, per lo più *in bronzo o in argento*, muniti di un anellino sul dorso (talvolta anche di pendagli aggiuntivi) o forati per sospenderli al collo (AG: inv. 27747; lungh. 1,4; Fiorelli 79; AE e AG: inv. 27745; lungh. 2,7; Fiorelli 77; inv. 27767; lungh. 3; Fiorelli 99; inv. 27801; lungh. 5,6 x 6,7; Fiorelli 133; inv. 120273; 9,5 x 7). Se ne hanno però anche *in osso* (inv. 27748; lungh. 1,6; Fiorelli, 80; inv. 27754; lungh. 1,1; Fiorelli, 86; inv. 27760; lungh. 4,5; Fiorelli, 92), *in corallo* (inv. 27756; lungh. 3,3; Fiorelli, 88; inv. 119820; lungh. 3,4), *in terracotta* (inv. 27764; lungh. 7,9; Fiorelli 96), *in faïence* (inv. 27795; lungh. 1,7; Fiorelli, 127; inv. 27798; lungh. 1,6; Fiorelli 130), in *cristallo di rocca* (inv. 27797; lungh. 1,8; Fiorelli 129). Un altro potente talismano era il gesto della mano con il pollice inserito tra indice e medio, «le fiche», che alludeva all'atto sessuale: si facevano perciò delle **manine** *in faïence* in questa posa (inv. 27821; lungh. 2; Fiorelli 153; inv. 27822; lungh. 1,8; Fiorelli 154; inv. 27823; lungh. 1,9; Fiorelli 155). Il fallo era anche associato all'idea del *pesce*, come mostrano alcuni amuleti in osso.
Si riteneva che la combinazione di più elementi aumentasse il potere magico dell'amuleto: così alcuni sono doppi ed hanno la forma di un braccio arcuato che termina da un lato in un fallo[88], dall'altro in una mano che «fa le fiche» (bronzo, inv. 27815; lungh. 9,3; Fiorelli 147; legno, inv. 27811; lungh. 2,7; Fiorelli 143); spesso questo oggetto è potenziato con delle pudende maschili (bronzo, inv. 27808; lungh. 6,8; Fiorelli 140; inv. 27812; 8,4 x 5,8; Fiorelli 144; inv. 27819; 7,8 x 5,1; Fiorelli 151); altre volte al fallo è sostituito un *gorgoneion* (osso, inv. 27807; lungh. 5,7; Fiorelli 139); o alle «fiche» una foglia (inv. 109866; 6 x 1,6); altri, infine, sono a testa bifronte e fallo (osso, inv. 121720; lungh. 6,6).

Nel secolo che seguì la distruzione di Pompei il mondo romano conobbe l'affermarsi di nuove (e vecchie) tendenze religiose e moraleggianti che mutarono profondamente lo spirito di un mondo che a Pompei, per la perdurante eredità ellenistica, ci appare ancora pervaso di una specie di *joie de vivre*. Del nuovo clima

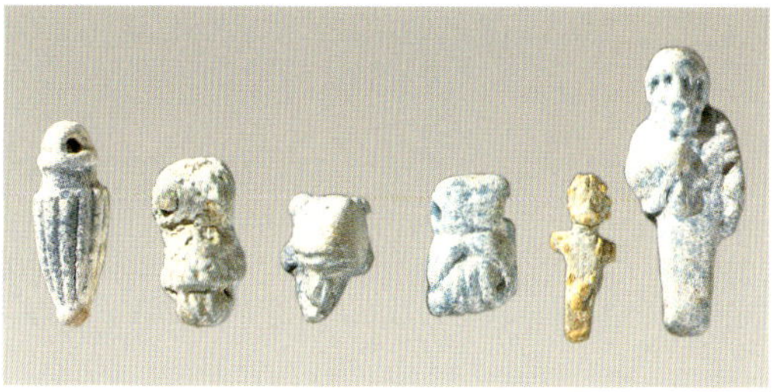

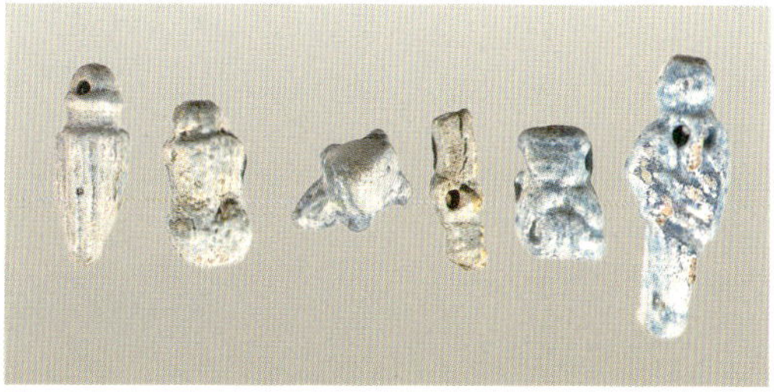

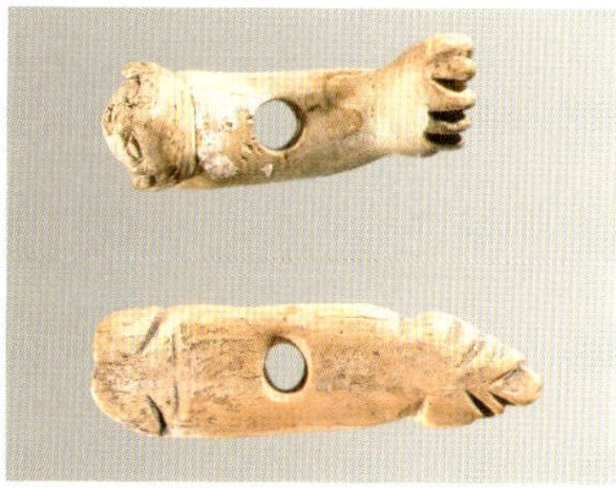

potrebbe essere considerato espressione il **rilievo allegorico**, già nella collezione Farnese, (inv. 27711; 48 x 67; Fiorelli 43) a due registri, in cui, in quello superiore alla vita della *voluptas* allude una figura femminile che contempla una maschera comica davanti ad un santuario campestre di Fauno, mentre sullo sfondo si baciano Amore e Psiche; invece in quello inferiore la *virtus* è rappresentata da una coppia di uomo e donna che volge le spalle ad un'erma di Priapo e agli attributi di Dioniso (la cista e il tirso) per seguire, con fare pudico (le mani sul sesso), un fanciullo che indica loro una diversa via.
In questo stesso clima, pervaso di dottrine misteriche e salvifiche, il culto di Dioniso riprese le importanti valenze ctonie che aveva avuto ai suoi inizi nel mondo greco. In tale ambito (età antonina) va collocato anche lo splendido **sarcofago con scena di culto dionisiaco** della collezione Farnese (inv. 27710; 235 x 49; Fiorelli 42) che a Palazzo Farnese era stato collocato nella Sala degli Imperatori, decorosamente coperto con un telo: alle due estremità della lastra frontale vi erano raffigurati infatti Panischi e Panische dediti ad arditi giochi sessuali, mentre il centro della scena è tenuto da Dioniso, ebbro, nelle vesti orientali del Sardanapalo, sorretto dai Satiri e circondato dalle Menadi al centro di un paesaggio campestre in cui Arianna dorme distesa davanti ad un santuarietto.
Lo stesso uso funerario dei motivi di Pan e dell'erma di Priapo compare nei due medaglioni incisi ai lati di un'iscrizione greca di età tardo imperiale romana commemorante una *Tatia*; si tratta di un altro monumento farnesiano (inv. 4578; 33 x 9,5; Fiorelli, Catalogo Iscrizioni, n. 2021), replica moderna di un'iscrizione conservata nei Musei Vaticani. E non è un caso che le figurine incise dal Pan e dal Priapo ritornino identiche, scolpite a bassorilievo, sulla siringa nelle mani di Dafni del gruppo farnesiano di Pan e Dafni.

Erme, manine e altri amuleti in faïence

Statuetta in terracotta con coppia che si bacia su una kline, inv. 117104

Tintinnabulum in bronzo a forma di Mercurio con borsa di monete, inv. 27854

Amuleti in bronzo a forma di braccio arcuato: un lato termina con un fallo, l'altro con una mano, inv. 27808, inv. 27812, inv. 27819

Sarcofago in marmo con scena di culto dionisiaco, dalla Collezione Farnese, inv. 27710

Alle pagine seguenti
Particolari del sarcofago con scena di culto dionisiaco, dalla Collezione Farnese

Amuleti a forma di fallo in argento e in faïence, inv. 27767, 27745, 27795, 27747

Bassorilievo in tufo con tempietto in antis contenente un fallo come simulacro divino, da Pompei.

Rilievo allegorico a due registri, dalla Collezione Farnese: in alto, allegoria della "Voluptas", in basso, allegoria della "Virtus"; inv. 27711

Rilievo in travertino con fallo e scritta "hic habitat felicitas", dal panificio nell'insula della Casa di Pansa, Pompei, inv. 27741

Fallo in tufo dipinto in rosso, da Pompei, IX, 5, inv. 113415

L'acquisto della *Collezione Borgia*, già avviato da Gioacchino Murat e perfezionato appena dopo il ritorno di Ferdinando IV, costituì per la raccolta napoletana un consistente apporto di nuovi reperti erotici, con ben quarantotto oggetti, ma al di fuori di alcuni reperti certamente di rilievo, come lo specchio etrusco descritto tra i materiali preromani, la maggior parte di essi è di autenticità molto sospetta. In particolare vi abbondano infatti i pezzi unici, con scene sessuali particolarmente esplicite, o con motivi simbolici che non trovano riscontro nella produzione più corrente.
Così ad esempio sembra giustificare qualche sospetto, per la raffinatezza rococò del modellato e per l'*unicum* iconografico che rappresenta il galletto-Priapo itifallico, il quadretto in marmo con **un'oca, una gallina e un'anatra adoranti un'erma in forma di gallo** (inv. 27713; 18,4 x 15,3; Fiorelli 45), anche se un motivo del genere torna in un quadretto dipinto in una delle *alae* delle case dei *Vettii* a Pompei.
Altrettanto dicasi delle piccole sculture in bronzo: così il bronzetto con una strana **testa con naso adunco** ed escrescenza a forma di fallo sulla fronte (inv. 27852; 7 x 6,3; Fiorelli 184) o quello con una **scena di sodomia su un ragazzo** (inv. 27715; 3,5 x 3,8; Fiorelli 47). Sono invece autentici, di provenienza egiziana e di età tolemaica una serie di **piccoli nani in pietra** (Arpocrate?) seduti o sdraiati con enormi falli tra le mani (inv. 27762-27677); un disegno di Vivant Denon a seguito della spedizione d'Egitto ne documenta alcuni dello stesso tipo[89]. La provenienza egiziana appare certa nel caso del **bambino sdraiato** con l'enorme fallo disteso accanto a lui, per la tipica trecciolina dei capelli (inv. 27678; 10,8 x 6,9; Fiorelli 10).
Se è certamente autentica e rientra nella tipologia canonica la **lucerna a disco con scena erotica** (inv. 27861; lungh. 11,4; diam. 4,9; Fiorelli 193), qualche dubbio solleva, per la forma abbastanza insolita, quella **a vernice nera** con un **grosso fallo alato sul disco** (inv. 27867; lungh. 15; Fiorelli 199). Essa è rappresentata in un disegno di Hubert Robert, oggi al Museo di Besançon, facente parte di una serie di «morceaux curieux à Rome» commissionati al pittore dal conte di Caylus su consiglio dell'abate Paciaudi.
Minor motivo di sospetto dovremmo nutrire per tutta l'abbondante serie di pendagli, amuleti fallici e *tintinnabula* in bronzo ed osso, anche se lasciano un po' perplessi i due insoliti **pendagli a testa di bue con fallo in bocca** (inv. 27829, 27830; Fiorelli 161, 162).
In conclusione, questi oggetti della raccolta Borgia ci appaiono oggi come uno strano miscuglio di oggetti autentici e falsi, di diversa provenienza ed epoca, in cui domina soprattutto il gusto del «curioso», prestigioso residuo dell'epoca delle «stanze delle meraviglie».

Quadretto in marmo con oca, gallina e anatra adoranti un'erma in forma di gallo, inv. 27713

Testina in bronzo con fallo sulla fronte, inv. 27852

Bronzetto con scena di sodomia, inv. 27715

Statuetta in pietra di nano con fallo enorme, inv. 27674

Statuetta in pietra di nano con fallo enorme, inv. 27676

Specchio etrusco in bronzo, inv. 27672

Statuetta in pietra d'ispirazione egiziana raffigurante un bambino con la trecciolina egizia sdraiato accanto ad un enorme fallo, inv. 27678

Statuetta in pietra di nano con fallo enorme, inv. 27677

Lucerna a vernice nera con un fallo alato sul disco, inv. 27867

Lucerna con scena erotica, inv. 27861

Pendagli in bronzo a testa di bue con fallo in bocca, inv. 27829, 27830

Note

* Si ringraziano per le ricerche e le verifiche bibliografiche, d'archivio e nei depositi: F. Coraggio, M.R. Esposito, M. Lista, A. Luppino, A. Milanese, M. Staiano, S. Tassinari.

[1] Si ricordi ad esempio la dura condanna di Sant'Agostino che aveva denunciato l'oscenità delle cerimonie pagane, citando scandalizzato quella in cui nobili matrone appendevano corone di fiori al sesso delle statue di Dioniso (*De civitate Dei*, II, 5; VI, 9; VII, 21; VII, 24). Il motivo sarà poi ripreso dall'iconografia libertina settecentesca (cfr. il disegno di Angelika Kaufmann, del 1778, in G. Carabelli, *Veneri e Priapi. Culti di fertilità e mitologie falliche fra Napoli e Londra nell'età dell'Illuminismo*, Lecce 1996, fig. 24).

[2] Carabelli 1996, p. 35 con bibliografia precedente.

[3] I disegni di queste gemme non hanno nessuna attinenza coi materiali archeologici raccolti nella Reggia di Portici. Forse vi si può collegare solo un Pan con capra, del tutto diverso però nello schema dall'inaccessibile originale. Vi compariva pure una gemma con la Callipigia Farnese, che a quel tempo era però ancora a Roma. L'opera del D'Hancarville si inserisce naturalmente nel filone degli intagli erotici, come quello sopra ricordato a proposito della collezione Chaduc.

[4] *L'Oeuvre priapique*, Parigi 1793 o 1794 (serie di ventitrè stampe, piuttosto eterogenee, in parte ispirate all'antico, in parte inventate, definite nell'Ottocento «le fantasie più svergognate dell'antichità impudica»): cfr. *Dominique-Vivant Denon. L'oeil de Napoléon*, Catalogo della mostra, Parigi 1999, pp. 93-94; per i disegni con gli amori di satiri e capre, cfr. *Priapées et sujets divers, gravés par D.-V. Denon*, Catalogue de l'exposition Louvre 1999-2000, Paris 1999, nn. 11060 e 11072 (il rovescio, una donna e un capro al n. 11066). Anche Hamilton cita e riproduce il gruppo nel suo *Account* (citato alla nota seguente), ma riferisce prudentemente l'illustrazione ad un'altra copia antica dello stesso gruppo appartenuta a Charles Townley; è nota anche una copia moderna in terracotta eseguita dallo scultore inglese Joseph Nollekens (1737-1823), vissuto in Italia negli anni '60, poi inviata al British Museum (Carabelli 1996, p. 188, nota 5).

[5] I. Jenkins, K. Sloan (curr.), *Vases and Volcanoes, Sir William Hamilton and his collection*, Catalogo della mostra, Londra 1996, p. 239 figg. 142, 143; Carabelli 1996, cit., p. 19 ss. L'invio dei falli di cera di Isernia e la lettera di Hamilton (*An account of the remains of the worship of Priapus*, Londra 1786 con un contributo di R. Payne Knight) diede inizio in Inghilterra ad un filone di ricerche antropologiche sul culto di Priapo durate oltre un secolo.

[6] *Vases and Volcanoes*, cit., p. 276 fig. 173

[7] Non è un caso che tra i soggetti delle false pitture ercolanesi eseguite a Roma dal veneziano Giuseppe Guerra verso la metà del '700 vi fossero «enormi Priapi», secondo la testimonianza del Winckelmann (*Sendschreiben von der herkulanischen Entdeckungen*, Dresda 1762, pp. 31-32). Lo stesso Winckelmann (ivi, pp. 39-40) commenta la raccolta di Priapi del Museo di Portici di alcuni dei quali, quelli coi sonagli, manda un disegno all'amico G.L. Bianconi.

[8] Oltre agli oggetti di Pompei e ai falli di Isernia, altri elementi contribuivano alla fama di Napoli come luogo libertino; tra essi il più autorevole era la fama svetoniana della «sconcia e infetta camera [di Tiberio] a Capri», per non dire della fama di Baia come «lido aureo di Venere beata» e «*crimen amoris*». La fama della depravazione morale dei tempi antichi si estendeva agli abitanti contemporanei del golfo di Napoli; così, secondo il Bouchard (*Voyage dans le Royaume de Naples*, in *Journal* (cur. E. Kanceff), II, Torino 1976, p. 324), gli abitanti di Pozzuoli erano più rozzi «des sauvages les plus grossiers et barbares de l'Amerique», «les ministres subalternes du Tartare» sposati a donne bellissime, bionde ed estremamente libere nei costumi sessuali «faisant l'amour ouvertement comme toutes les femmes des villes maritimes», e tutto ciò addirittura col beneplacito del Vescovo di Pozzuoli. E sono ancora i pescatori napoletani i partner di un'orgia scatenata immaginata dal marchese de Sade nel tempio di Venere a Baia (cfr. G. Lely, G. Daumas curr.), *Histoire de Juliette, Oeuvres de Sade*, vol. IX, Paris 1966, p. 344 ss. (su tutto quest'aspetto, cfr. A. Mozzillo, *I giardini combusti*, in G. Alisio (cur.), *Campi Flegrei*, Sorrento 1995, pp. 263-65). È comprensibile a questo punto la poca disponibilità di parte dell'ambiente napoletano e della corte ad accettare l'aria di superiorità con cui si manifestava questo genere di «curiosità» forestiera ed in particolare britannica verso gli abitanti del Regno, assimilati alle «vittime africane della loro tirannia nelle colonie d'America» (M. Torcia, *Stato presente d'Inghilterra*, 1774). Sul personaggio del Torcia, cfr. Carabelli 1996, p. 101 ss.

[9] Così anche il D'Hancarville, *Recherches sur l'origine, l'ésprit et les progrès des arts de la Grèce etc.*, Londra 1785, vol. 3, p. 181 ss.: «un'infinità di teste che si sono prese sinora per quella di Platone…sono sicuramente delle rappresentazioni di Priapo o di Bacco… Appare bizzarro che i ciceroni abbiano fatto a Priapo l'onore di prenderlo per un filosofo; ma ancor più bizzarro sarebbe se io prendessi un sì gran filosofo per sì gran dio.» (Caltabelli 1996, p. 52).

[10] Il particolare è in una lettera del 23 ottobre 1770 inviata dal ministro Tanucci a Carlo III in Spagna (AGS, *Estado*, libro 290, ff. 219r-220r, citata in P. D'Alconzo, *L'anello del Re. Tutela del patrimonio storico-artistico nel regno di Napoli (1734-1824)*, Firenze 1999, p. 75). In realtà si trattava del cosiddetto «Giardinetto Segreto», denominato anche talvolta «della Morte» perché collocato nei pressi della chiesa omonima in via Giulia. Delle quattro sculture ricordate dal Vanvitelli, due sono al Museo Archeologico Nazionale di Napoli: Pan e Dafni e una della «Baccanti», in realtà una Nike in marmo bigio. L'altra Nike è al Museo Regionale Archeologico di Palermo mentre il Mercurio con Ninfa è al British Museum. I documenti d'archivio mostrano che queste statue decoravano il giardino, munito di un portico con nicchie già nel 1644 (cf. B. Jeistaz, *Le Palais Farnèse. L'inventaire du Palaise et des Propriétés Farnèse à Rome en 1644*, in *Le Palais Farnèse*, III, 3, Rome 1994, p. 199).

[11] F. Divenuto, *Pompeo Schiantarelli. Ricerca ed architettura nel secondo settecento napoletano*, Napoli 1984, p. 165

[12] In realtà non mancavano nella stessa corte idee più aperte. Nello stesso 1819, era stato il principe di Salerno, l'ultimogenito di Ferdinando IV, Leopoldo di Borbone (1790-1851), ad incitare l'Arditi a preparare la prima redazione del libretto *Il Fascino e l'amuleto contro del Fascino presso gli Antichi*, da offrire all'imperatore d'Austria, allora in visita a Napoli per ristabilire la verità storica sulla vera natura, magica e religiosa, ma non lussuriosa, delle insegne falliche che si trovavano sui forni, sulle botteghe, sulle strade di Pompei. E, richiamandosi all'autorità degli Accademici Ercolanesi, del Visconti (che aveva trattato la materia addirittura nel catalogo del Museo Pio-Clementino), l'Arditi aveva voluto «scagionare dalla idea comune di pubblica dissolutezza» il forno pompeiano VI, 6, 17-21 ritenuto appunto un lupanare per via del fallo con la scritta «*hic habitat felicitas*» e rettificare a beneficio dell'imperatore d'Austria le «stranezze» di fanatici come padre Pietro d'Onofri che nel suo *Elogio* in onore della memoria di Carlo III aveva «scomunicato» come un grande lupanare l'intera città di

Pompei («essere stata tutta quella città dedita alla più sordida impudicizia, per cui da Dio meritò, come Sodoma, il gastigo del fuoco») basandosi su elementi del tutto falsi, come quello che «sulla porta maggiore della città… comparve allora, e si osserva anche ora da ognuno oggidì, la scoltura di un fallo». Arditi sembra allineato del tutto sulla posizione ufficiale in una sua lettera del 1821, quando dichiara che il fine del Gabinetto era di «serbare inalterato il pudore e la buona morale degli osservatori».

[13] Fu il Ministro Ruffo che decise il cambiamento di nome: «per serbarsi la dovuta decenza trovo più plausibile che da oggi innanzi il Gabinetto degli oggetti osceni del Real Museo Borbonico sia intitolato Gabinetto degli Oggetti Riservati» (20 agosto 1823, Archivio di Stato di Napoli, Min. Int., II Inv., b 2012, inc. 414). Naturalmente i visitatori non sempre usavano, come del resto ancor oggi, nelle loro richieste di visita, il nome ufficiale; così si va da «stanze segrete» a «gabinetto segreto» a «stanze oscene», alle più raffinate dizioni «gabinetto dei priapi» o «gabinetto relativo ai simboli del paganesimo».

[14] Cfr. Carabelli 1996, pp. 54-57. Si ricordino anche opere come l'*Origine de tous les cultes ou religion universelle*, di Ch.-F. Dupuis, Parigi 1795 o il *Des divinités gèneratrices ou du culte du phallos chez les anciens et les modernes*, di J.-A. Dulaure, Parigi 1805.

[15] Nel manoscritto della sua *Route de Rome à Naples*, in P. Pinon, *P.-A. Pâris et les cités vesuviennes*, in G. Cafasso e aa.(curr.), *Il Vesuvio e le città vesuviane 1730-1860*, Atti del Convegno 28-30 marzo 1996 in ricordo di Georges Vallet, Napoli 1999, p. 287.

[16] cfr. M. Colesanti, *Stendhal da turista ad «archeologo»*, in G. Cafasso e aa.(curr.), *Il Vesuvio e le città vesuviane 1730-1860*, cit. a nota precedente, p. 268; cfr. anche L. Slugocki, *«Hic habitat felicitas». Stendhal à Pompéi en touriste*, in «Micromégas», IV, 1-2, gennaio-agosto 1977, pp. 11-23.

[17] Nei primi tempi l'accesso al gabinetto fu gestito con autorizzazioni rilasciate dalla Direzione del Museo, ma dal 1822 fino al 1847, la competenza a rilasciarle fu attribuita al Ministro della Real Casa che autorizzava l'uso della chiave, data in custodia all'Ispettore Finati.

[18] Talvolta all'interno di queste «compagnie» resta attestata la presenza di «consorti», unici casi in cui si registra la presenza di visitatrici femminili.

[19] Nel suo studio sul fascino apparso nel 1825 l'Arditi ne giustifica la pubblicazione (Introduzione, p. 7) proprio col desiderio di rettificare la visione distorta dei monumenti fallici pompeiani presso questa crescente folla di turisti, correggendo «l'opinione de' culti stranieri, i quali in folla a visitar si portano ogni giorno que' nostri Scavi», tratti in errore anche da guide celebri come il *Viaggio a Pompei* dell'abate Romanelli.

[20] Quest'incombenza dovette costituire una seccatura notevole per le ambasciate straniere a Napoli. È eloquente l'episodio che vide nel 1839 l'ambasciatore inglese, cav. Kennedy, chiedere al Ministro Santangelo, di poter disporre, per non dargli incomodo con le continue richieste – gli Inglesi erano i più frequenti visitatori – di un certo numero di permessi in bianco di cui si garantiva responsabile. Naturalmente il Ministro rifiutò.

[21] Già nel 1827 il Ministro aveva segnalato all'Arditi le «vessazioni che praticano i custodi e bassi impiegati verso i forastieri, a' quali non si permette l'entrata nelle sale interne del Museo senza prima averne ottenuto regalie…».

[22] Questo appare, del resto, spesso, del tutto superficiale, come mostra ad esempio un commento tra i tanti: « …*à coté de cette destruction des écrits des sages* (ha appena parlato della perdita dei papiri ercolanesi), *certains groups du Cabinet des objets resérvés sont à peu près intacts, et les maximes de la morale ont moins résisté aux flammes du Vésuve que les images du vice…*» (M. Valery, *Voyages historiques, littérarires et artistiques en Italie*. II ed., Paris 1838, vol. II, p. 444.

[23] Archivio di Stato di Napoli, Min. Int., II inv. b. 2078, esp. 216.

[24] Si veda ad esempio la poesia *Musée Secret* di Théophile Gautier, in *Émaux et Camées* (Parigi 1852) dedicata all'organo sessuale femminile. L'ispirazione napoletana e pompeiana è dimostrata dalla contemporaneità di apparizione della novella *Arria Marcella, un souvenir de Pompéi*, in cui un turista s'innamora dell'impronta lasciata nel fango (e conservata al Museo di Napoli) di un seno femminile di un'antica pompeiana. Un erotismo pompeiano a metà strada tra antico e moderno è anche nelle novelle delle *Filles du Feu*, *Octavie* e *Isis* di Gerard de Nerval (1845) e continuerà fino alla fantasia pompeiana *Gradiva* di W. Jensen (1903) che ispirerà una pagina famosa di S. Freud.

[25] G. Flaubert, *Correspondance*, (ed. J. Bruneau), I, Parigi 1973, p. 773. Lo stesso Flaubert in *Bouvard et Pecuchet*, (1881, postumo) metteva in ridicolo i sedicenti archeologi che ai suoi tempi si dedicavano con passione alla raccolta di simboli fallici: «…tutto diventò fallo. Raccolsero bilancini di carrozze, gambe di poltrona, chiavistelli di cantina, pestelli da farmacista.» (Carabelli, 1996, p. 155).

[26] È da ricordare soprattutto un articolo dal titolo «Primi voti. Per le riforme del Museo» apparso, il 1 maggio 1848, anonimo (ma probabilmente v'era dietro la mano di Fiorelli) sul giornale napoletano «Mondo Vecchio e Mondo Nuovo»; in esso tra le proposte di riforma del Museo Borbonico, v'era quella di allentare la censura sul gabinetto «… Il custode e qualche impiegato superiore, ora che non si vogliono più scroccherie e abusi, abbiano la moderazione di vedere scemare importanza al gabinetto riservato, con togliersi allo stesso molti oggetti che se non possono dirsi ascetici, non però si ponno definire osceni.».

[27] Archivio di Stato di Napoli, Pubbl. Istr., fascio 340/11, fog. 14 del 16 luglio 1848.

[28] Una fiammata di ritorno di studi sul tema priapico si ha verso la metà dell'Ottocento con la riedizione dell'*Account* di Hamilton, approdando però rapidamente in tutta l'Europa verso i temi più «tranquilli» del feticismo e del malocchio (Carabelli 1996, p. 151 e ss.).

[29] Quadri e sculture furono poi affidati a Camillo Guerra e Ulisse Rizzi per la ridistribuzione nelle raccolte rispettive (Archivio di Stato di Napoli, Min. Istr. Pubbl., 753 I/1).

[30] Pochi giorni dopo l'apertura il Direttore Spinelli di San Giorgio riferiva ad Imbriani, Direttore dell'Istruzione Pubblica: «Gabinetto Riservato non ce n'è più: si può vedere da tutti, salvo che s'impedisce d'entrarvi i fanciulli e se ne fanno avvertite le signore» (Archivio di Stato di Napoli, Min. Istr. Pubbl., 753 I/1).

[31] La parola si comincia a diffondere alla metà dell'Ottocento nel linguaggio comune proprio a partire dai monumenti pompeiani, indicati con precisione positivistica (e senza connotazioni negative) con il termine tecnico greco per le pitture erotiche.

[32] ASSAN, XII, B2, 2 (carte 2, 11, 19).
La riserva per gli artisti, ammessa da sempre, sembra trovare in questo periodo eco nella libertà con cui l'immaginario erotico antico viene ripreso e reinventato dall'arte contemporanea. Valga per tutti il caso di Pablo Picasso (dai fauni e satiri della *Gioia di vivere*, 1946, alle molte incisioni dello stesso tema «satiresco», per le quali vedi G. Bloch, *Pablo Picasso. Catalogue of the printed graphic work*, voll. I-II, Berna 1968-1971).

[33] Questo è stato rimosso e sostituito con un vetro circa venti anni fa. Cfr. il commento di M. Vajro ne «il Mattino» del 22 marzo 1967: «Fino a pochi anni fa occorrevano permessi speciali per poter accedere alle stanzette proibite; anche se nel periodo di Maiuri (uomo di altissimo sentire) era diventato più facile poter dare uno sguardo dietro la porta dell'ammezzato, sul pianerottolo del grande scalone. Adesso il nuovo direttore del nostro Museo (il giovane umanista Giuseppe Maggi, che fu allievo prediletto di Maiuri) ha disposto che non si neghi ad alcuno l'accesso alle sale peccaminose: purché – con accorta limitazione – il visitatore firmi un registro particolare, a guisa di sintetica domanda e di coscienza di responsabilità».

[34] J. Boardmann, *Athenian Red Figure Vases. The Archaic period*, Londra-New York 1975, fig. 265.

[35] Le dimensioni sono espresse in centimetri.

[36] Plinio, *Naturalis Historia*, XXV, 9, 36.

[37] Svetonio, *Vita Tiberi*, 44.

[38] *Ippolito*, 1001; *Ipsipilo ap. Schol*. Aristofane Rane 1356.

[39] Aristofane, *Lisistrata*, 231, *Pluto*, 149-152.

[40] J. Boardmann, *Athenian Red Figure Vases*, cit., fig. 297.

[41] *Ecclesiazuse*, 8; Anassilao presso Ateneo, XII 548.

[42] Timeo, framm. XXXIV, 238; *Antologia* VI, 385; Aristofane, *Rane*, 135.

[43] *Politica*, VII, 15, 8.

[44] *Orazioni*, III.

[45] *Epodi*, 8, 15.

[46] *Ars Amatoria*, II, 679-680; *Tristia* III, 524.

[47] II, 5, 26.

[48] *Ars amandi*, III, 787.

[49] Odissea, VIII, 267 e ss.

[50] M. de Vos, *La ricezione della pittura an-*

tica fino alla scoperta di Ercolano e Pompei, in S. Settis (cur.), *Memoria dell'antico nell'arte italiana*, vol. II (*I generi e i temi ritrovati*), Torino 1985, pp. 351-377. L'interpretazione precedente era del Barré.

[51] *De rerum natura*, IV, 584.

[52] Svetonio, *Vita Tiberi*, 43.

[53] Fu staccato da un pilastro sulla facciata delle botteghe VII, 6, 34-35 (*PPM*, VII, p. 207-209, n. 3; H. Kenner, *Das Phaenomenon der verkehrten Welt in der griechisch-roemischen Antike*, Klagenfurt, 1970, p. 8 ss; T. Fröhlich *Lararien und Fassadenbilder in den Vesuvstädten*, Mainz 1991, pp. 65-66, F 51.

[54] XII, 554.

[55] Il tema ritorna nella composizione a soggetto dionisiaco di un sarcofago a Dresda (cfr. A Dierichs, *Erotik in Römischen Kunst*, Mainz 1997, p. 56, fig. 23).

[56] Così in Teocrito, *Antologia Palatina*, IX, 433; *Epilli* XII, 128, 2.

[57] Una copia è al Louvre (cfr. A. Dierichs, *Erotik* 1997 cit, p. 50, fig. 57 a/b).

[58] Plinio, *Naturalis Historia*, XXXVI, 35.

[59] *Antologia Palatina*, IX, 338.

[60] *Naturales Quaestiones*, I, 16.

[61] Ovidio, *Ars amatoria*, II, 679-681.

[62] *Lisistrata*, 677.

[63] Ateneo, XIII, 565c.

[64] Ovidio, *Ars Amatoria*, III, 786.

[65] *CIL*, IV, 2206.

[66] *CIL*, IV, 1781.

[67] M. Della Corte, *Case e abitanti di Pompei*, Napoli 1965, p. 366 n. 790 d.

[68] vv. 229-230.

[69] *Ars amatoria*, III, 775-776.

[70] G. Fiorelli, *Descrizione di Pompei*, Napoli 1875, p. 248.

[71] Cantarella, p. 74

[72] *CIL*, IV 8356.

[73] *CIL*, IV, 5127.

[74] *CIL*, IV, 1751.

[75] II, 703-732.

[76] Vedi come esempio di quest'erotismo più «popolare» il complesso delle pareti del triclinio d'affitto pompeiano I, 13, 1-6 (*PPM*, II, p. 929, n. 1) con due teste marmoree (reimpiegate) di Ercole e Dioniso, un quadretto con una Venere *anadiomene* con Priapo, un quadretto con scena di *coitus a tergo*, e quattro falli eiaculanti.

[77] *Epigrammi*, XIV, 212.

[78] Marziale, *Epigrammi*, XI, 61.

[79] *Satire*, II, 95.

[80] Secondo alcune interpretazioni esso servirebbe, con la sua peculiare essenza di mobilità (Aristotele, *De partibus animalium*, 689A ricorda che la sua essenza consiste nel fatto che: «esso aumenta e diminuisce di volume») ad annullare il più temuto effetto del malocchio che è l'impietrimento. (Carabelli 1996, p. 79).

[81] Nel Seicento e nel Settecento era diventato famoso, e oggetto di falsi clamorosi spacciati per autentici, il motivo del «*Priapus gallinaceus*», uno strano pasticcio di figure di gallo e fallo, per di più munito dell'epigrafe greca vagamente blasfema «salvatore del mondo» (Carabelli 1996, p. 94.

[82] J. Boardmann, *The phallos-bird in archaic and classic Greek art*, in «Révue Archéologique», 2, pp. 227-242.

[83] Cfr. ad esempio il fallo in calcare del Sarno sul cantonale dell'*insula* I, 20, 5 (in *PPM*, II, p. 1081, n. 2) o quello di tufo all'angolo dell'*insula* VIII, 13, 6 (PPM, VII, p. 649, n. 27).

[84] Vedi le insegne di tufo con fallo sulla facciata delle *tabernae* IX, 1, 13-14 (*PPM*, VIII, p. 905, n. 25), VII, 3, 22-23 (*PPM*, VI, p. 897, n. 2), quella di terracotta per la bottega IX, 2, 6-7 (*PPM*, VIII, p. 1071, n. 2), quella di tufo con un fallo alato sulla facciata della *caupona* VII, 2, 32-33 (*PPM*, VI, p. 721, n. 2). In pittura, vedi il grande fallo eiaculante dipinto (oggi perduto) tra due figure maschili in atto di masturbarsi sulla facciata del bancone del termopolio pompeiano VI, 16, 32-33 (cfr. *PPM*, V, p. 963, n. 5.

[85] Cfr. la tabella con timpano sulla facciata del panificio VII, 1, 36 (*PPM*, VI, p. 367, n. 2.

[86] *Naturalis Historia*, XXXVII, 3, 54; IX, 118, 10.

[87] Tra i precedenti famosi del lavoro dell'Arditi si deve ricordare la *Cicalata sul fascino, volgarmente detto jettatura*, (Napoli 1787) di N. Valletta, un amico di Arditi. Questi tra i vari rimedi contro il malocchio cita quelli antichi, amuleti dalla «forma turpe» perché « essa credeasi poter, destando il riso, distogliere e rimuovere gli occhi di chi avesse per avventura guardato» (Carabelli 1996, p. 132). Con lo stesso tono semiscettico del Valletta affrontò l'argomento G.L. Marugi, *Capricci sulla jettatura*, Napoli 1788. Riflette l'interesse archeologico-antropologico inglese del tempo l'articolo dell'inglese James Millingen *Some observations on an antique bas-relief, on wich the evil eye, or fascinum, is represented*, in «Archaeologia», 19, 1821, pp. 70-74.

[88] Uno di questi compare ne frontespizio dell'*Account* dell'Hamilton-Knight.

[89] *Priapées et sujets divers, gravés par D.-V. Denon*, cit., pp. 14-15, n. 11074 (*Trois Priapes*). Due terrecotte simili di Arpocrate con lungo fallo sono entrate al Louvre dalla collezione Guimet: cfr. F. Dunand, Musée du Louvre, Département des antiquités égyptiennes, *Catalogue des terres cuites gréco-romaines d'Egypte*, Paris 1990 p. 108, nn. 250-51.

Nota bibliografica

Sul Gabinetto segreto del Museo di Napoli:
M. Arditi, *Il fascino e l'amuleto contro del fascino presso gli antichi. Illustrazione di un antico bassorilievo rinvenuto in un forno della città di Pompei*, Napoli 1825; M.L. Barré, *Musée secret*, Parigi 1841-45; G. Fiorelli, *Catalogo del Museo nazionale di Napoli: raccolta pornografica*, Napoli 1866; C. Famin (?), *Le Musée Royal de Naples: peintures, bronzes et statues érotiques du Cabinet secret, avec leurs explications*, Bruxelles-Paris 1876; H. Roux, *Hérculanum et Pompéi, recueil général des peintures bronzes, mosaiques et…*, vol. VIII (M.L. Barré), *Musée secret*, Paris 1877; G. Vorberg, *Antiquitates Eroticae, Ergänzungsband zu dem Werke Museum Eroticum Neapolitanum*, München 1991; A. San de Velilla, *Museo secreto del arte erotico de Pompeya y Herculano*, traduzione del volume di M.L. Barré, Barcelona, 1915; ristampa anastatica con introduzione di F. Arias de la Canal, Mexico 1995; G.L. Marini, *Il gabinetto segreto del Museo Nazionale di Napoli*, Torino 1971; M. Grant-A. Mulas, *Eros a Pompei*, Milano 1974; F. Divenuto, *Pompeo Schiantarelli. Ricerca ed architettura nel secondo Settecento napoletano*, Napoli 1984; R. Cantilena, *Vizi privati e pubbliche virtù. Il «Gabinetto degli oggetti riservati» nel Museo di Napoli*, in *L'Amore, dall'Olimpo all'alcova*, Milano 1992, pp. 51-60; B.M. Savy, *I «Gabinetti osceni» del real Museo Borbonico. Problemi di collezionismo e museologia*, (tesi di laurea dell'Istituto Universitario di Magistero «Suor Orsola Benincasa»), Napoli 1996; E. Cantarella, *Pompei. I volti dell'amore*, Milano 1998.

Sulla sessualità e l'arte erotica greca:
J. Marcadé, *Eros Kalos: Essay on Erotic Elements in Greek Art*, Ginevra 1965; H. Licht, *Sittengeschichte Griechenlands*, Dresda-Zurigo 1925-1928; G. Vorberg, *Glossarium Eroticum*, Stuttgart 1932; E. Vermeule, in «Antike Kunst» XII, p. 9 ss.; Idem, in «American Journal of Archaeology», LXXI, p. 311 ss.; J. Boardmann-E. La Rocca, *Eros in Griechenland*, London 1976; H.A. Shapiro, *Courtship Scenes in Attic Vase-Painting*, in «American Journal of Archaeology», 85 1981, pp. 133-143; J.K. Dover, *Greek Homosexuality*, Cambridge, Mass. 1978; C. Johns, *Sex or Symbol? Erotic Images of Greece and Rome*, Austin 1982; M. Foucault, *Histoire de la sexualité*, Paris 1984; M. Kepke, *The Reign of Phallus: Sexual politics in Ancient Athens*, New York 1985; J. Henderson, *Greek Attitude toward Sex*, in M. Grant-R. Kitzinger (curr.), *Civilization of the Ancient Mediterranean: Greece and Rome*, II, New York 1988, pp. 1249-1264; Ch. A.M. Hupperts, *Greek Love: Homosexuality or Paederasty? Greek Love in Black Figure Vase-Painting*, in J. Christiansen-T. Melander (curr.), *Proceedings of the 3d Symposium on Ancient Greek and Related Pottery*, Copenaghen, 1988, pp. 255-268; A.K. Siems, *Sexualität und Erotik in der Antike*, Darmstadt 1988; *Eros grec: amours des dieux et des hommes*, Catalogo dell'esposizione Parigi-Atene, Paris 1989; D.M. Halperin e aa. (curr.), *Before Sexuality: The Construction of Erotic Experience in the Ancient Greek World*, Princeton 1989; A. Richlin (cur.), *Pornography and Representation in Greece and Rome*, New York 1992; D. Cohen, *Law, Sexuality and Society: The Enforcement of Morals in Classical Athens*, Cambridge 1991; A. Dierichs, *Erotik in der Kunst Griechenlands*, Maiz 1993; M.F. Kilmer, *Greek Erotica on Attic red-Figure Vases*, London 1993; E. Cantarella, *La bisessualità nel mondo antico*, Milano 1995.

Sulle rappresentazioni erotiche nell'arte etrusca:
J. Marcadé, *Roma Amor: Essay on Erotic Elements in Etruscan and Roman Art*, Ginevra 1965; L. Bonfante, *Etruscan Sexuality and Funerary Art*, in N. B. Kampen (ed.), *Sexuality in Ancient Art*, Cambridge 1996, 155-169.

Sugli ex voto anatomici centro-italici:
A. Comella, *Tipologia e diffusione dei complessi votivi in Italia in epoca medio- e tardo repubblicana*, in *MEFRA*, 93, 1981, p. 717 ss.; *Speranza e sofferenza nei votivi anatomici dell'antichità*, Roma 1996; A. Stähl, *Die Verweigerung der Lüste. Erotische Gruppe in der antiken Plastik*, Berlin 1999.

Sulla sessualità e l'arte erotica romana:
G. Vorberg, *Die Erotik der Antike in Kleinkunst und Keramik*, Munich 1921; G. Vorberg, *Ars erotica veterum: ein Beitrag zum Geschlechtsleben der Altertums*, Stuttgart 1926; F.C. Forberg, *Manuale di erotologia classica*, Catania 1928; M. Delcourt, *Hermaphrodite: mythes et rites de la bisexualité dans l'antiquité classique*, Paris 1955; J.N. Robert, *Les plaisirs à Rome*, Paris 1963; Th. Bowie-O.J. Brendel-P.H. Gebhard-R. Rosenblum-L. Steinberg, *Studies in Erotic Art*, New York 1970; P. Veyne, *La famille et l'amour sous le Haut Empire romain*, in «Annales: économie, societés, civilisations», XXXIII 1978, pp. 35-63; W. Krenkel, *Fellatio and Irrumatio*, in «Wissenschaftliche Zeitschrift der Wilhelm-Pieck Universität Rostock», 29, 1980, pp. 77-88; J. Kolendo, L'esclavage et la vie sexuelle des hommes libres à Rome, in «Index», X 1981, pp. 288-297; J.N. Adams, *The Latin Sexual Vocabulary*, London 1982 (trad. it. Lecce 1996); R. MacMullen, *Roman Attitudes to Greek Love*, in «Historia», XXXI 1982, pp. 484-502; S. Lilja, *Homosexuality in Republican and Augustan Rome*, Helsinki 1983; A. Richlin, *The Garden of Priapus: Sexuality and Aggression in Roman Humour*, New Haven-London 1983; P. Ariès-A. Béjin (curr.), *Western Sexuality: Practice and Precept in Past and Present Times*, trad. inglese, Oxford 1985; W. Krenkel, *Figurae Veneris* (1), in «Wissenschaftliche Zeitschrift der Wilhelm-Pieck Universität Rostock», 34, 1985, pp. 50-56; P. Veyne, *L'homosexualité à Rome*, in «Communications», XXXV 1985, pp. 26-33; P. Veyne, *La poesia, l'amore, l'occidente: l'elegia erotica romana*, Bologna 1985; P. Veyne (cur.), *A History of Private Life*, tr. Ingl, Cambridge Mass. 1987; J.P. Hallett, *Roman Attitude toward Sex*, in M. Grant-R. Kitzinger (curr.), *Civilization of the Ancient Mediterranean: Greece and Rome*, II, New York 1988, pp. 1265-1278; A. Rousselle, *Porneia*, Paris 1983, Bari 1985; New York 1988; A. Rousselle, *Personal Status and Sexual Practice in the Roman Empire*, in «Zone», V 1989, pp. 301-333; F. Zevi, *L'arte popolare*, in G. Cerulli Irelli e aa. (curr.), *La pittura di Pompei*, Milano 1991, pp. 267-273; A. Coletti Strangi, *Cosmesi e seduzione in Ovidio e nel mondo romano*, L'Aquila 1992; S. Dixon, *The Roman Family*, Baltimore-London 1992; A. Richlin, *The Garden of Priapus: Sexuality and Aggression in Roman Humor*, New Haven 1993; A. Varone, *Erotica pompeiana: iscrizioni d'amore sui muri di Pompei*, Roma 1994; C. Edwards, *The Politics of Immorality in Ancient Rome*, Cambridge 1993; L. Iacobelli, *Le pitture erotiche delle terme suburbane di Pompei*, Roma 1995; A. Dierichs, *Erotik in Römischen Kunst*, Mainz 1997; J. Clarke, *Form, Function and Meaning of Symplegmata in Pompeian Mosaics: the case for the «Domestication» of Sex*, in *Actes du VIIe Colloque International pour l'Etude de la mosaique antique*, Tunis 3-7 Octobre 1994; N. B. Kampen (ed.), *Sexuality in Ancient Art*, Cambridge 1996; S. Deacy-K.F. Pierce (curr.), *Rape in Antiquity. Sexual Violence in the Greek and Roman Worlds*, Lon-

don 1977; J. Clarke, *Looking at Lovemaking. Constructions of Sexuality in Roman Art. 100 B.C.-250 A.D.*, Berkeley-Los Angeles-London 1998; T.A.J. McJinn, *Prostitution, Sexuality and the Law in Ancient Rome*, New York-Oxford 1998; P. Veyne-F. Lissarague-F. Frontisi Ducroix, *Les mystères du gynécée*, Paris 1998.

Per la pittura pompeiana si è fatto riferimento (abbrev. *PPM*) al corpus *Pompei. Pitture e Mosaici*, voll. I-VIII, Roma 1991-1998, costituito dalla collana edita dall'Istituto dell'Enciclopedia Italiana, formante il supplemento dell'Enciclopedia dell'Arte Antica Classica e Orientale.